Natália Fernandes

LTr®

Inafastabilidade da Jurisdição
e o
Controle Judicial da
Discricionariedade Administrativa

JOSÉ ANTONIO PANCOTTI

INAFASTABILIDADE DA JURISDIÇÃO E O CONTROLE JUDICIAL DA DISCRICIONARIEDADE ADMINISTRATIVA

EDITORA
LTr®
SÃO PAULO

Dados Internacionais de Catalogação na Publicação (CIP)
(Câmara Brasileira do Livro, SP, Brasil)

Pancotti, José Antonio
Inafastabilidade da jurisdição e o controle judicial da discricionariedade administrativa / José Antonio Pancotti. — São Paulo : LTr, 2008.

Bibliografia.

ISBN 978-85-361-1146-9

1. Controle judicial 2. Discricionariedade administrativa 3. Jurisdição (Direito constitucional) I. Título.

08-03245 CDU-347.98:35.077.2

Índices para catálogo sistemático:

1. Inafastabilidade da jurisdição e controle judicial da discricionariedade administrativa : Direito 347.98:35.077.2

EDITORA LTDA.
Rua Apa, 165 — CEP 01201-904 — Fone (11) 3826-2788 — Fax (11) 3826-9180
São Paulo, SP — Brasil — www.ltr.com.br

LTr 3597.4 **Maio, 2008**

*Dedico este trabalho aos meus pais João e Ângela que,
na vida simples do campo, educaram com amor,
carinho e sabedoria os filhos que tiveram.*

À Clarice minha esposa e companheira incansável.

Aos nossos filhos José Antonio e Luiz Gustavo.

Aos nossos netos Micaella e João Pedro, com muito amor.

SUMÁRIO

SEGUNDA PARTE

APRESENTAÇÃO

É antiga a celeuma doutrinária sobre a submissão dos atos discricionários da Administração Pública aos poderes jurisdicionais. Tal celeuma, ou contra-cultura, entre nós teve origem na ditadura militar de Deodoro e depois de Floriano, incorporando-se aos governos civis que se lhes seguiram, reforçada pela ditadura Vargas, e pelos governos do ciclo de 1964.

Em conseqüência, por uma questão de — má — formação acadêmica, até hoje ainda há os que defendem a incolumidade dos atos discricionários frente à jurisdição. Releva notar, no entanto, que um tal posicionamento colide frontalmente com o disposto pelo art. 5º, XXXV, da Constituição Federal, uma vez que atos discricionários podem causar lesão ou ameaça a direito.

É claro, a má semente plantada pelos citados regimes políticos, criou raízes e continua a produzir maus frutos até à atualidade; mas isso, felizmente, vem sendo coarctado pelo avanço da doutrina jurídica, em proveito da sociedade em geral, e dos direitos individuais em particular.

De notar, desde cerca de três décadas firmou-se no Estados Unidos o entendimento de que um governador de Estado não pode demitir um funcionário detentor de cargo em comissão, ou de confiança, se não ficar provado que tal funcionário foi desidioso, prevaricou, ou errou no exercício das respectivas atribuições. E tal prova, deve ser reconhecida pelo tribunal competente.

Neste livro, o autor enfrentou com lucidez jurídica o problema da relação entre a discricionariedade da Administração e a inafastabilidade da jurisdição. É uma contribuição a mais — e esta, de peso — para compreensão desse problema magno, ou seja, o da relação entre as atribuições político-administrativas e a garantia dos direitos individuais. É obra que merece ser lida, relida e meditada pelos operadores do Direito, para o progresso da nossa cultura jurídica.

As referências diretas ou indiretas do autor aos problemas do positivismo, que, lamentavelmente, ainda permeia nossa cultura acadêmica, são igualmente dignas de serem meditadas, para a melhoria da nossa doutrina.

Em suma, trata-se de livro imprescindível a quantos se preocupam com a nossa ordem constitucional, e com o primado da Constituição.

Paulo Napoleão Nogueira da Silva
Doutor em Direito do Estado pela Pontifícia Universidade Católica de São Paulo.

PREFÁCIO

O que me despertou interesse para escrever acerca do "Princípio da Inafastabilidade da Jurisdição e o Controle Jurisdicional da Discricionariedade Administrativa" foram as aulas do curso de mestrado em Direito Constitucional, na UNITOLEDO de Araçatuba, que teve por área de concentração a "Prestação Jurisdicional no Estado de Democrático de Direito".

Norteou este trabalho uma preocupação com a consagração da tutela judiciária efetiva, garantida pelo art. 5º, XXXV da Constituição Federal que assegura, de forma clara e inequívoca, a proteção do cidadão contra lesão ou ameaça a direito. Com fundamento nos princípios inerentes à atividade jurisdicional, sustenta-se que a maior garantia e segurança que o Estado Democrático de Direito pode oferecer aos seus cidadãos é uma atividade jurisdicional que seja isenta e independente de influências política, econômica ou de qualquer outra natureza.

Enfatizou-se a evolução da hermenêutica constitucional, destacando-se que a historiografia das nossas constituições revela certa dose de desonestidade do constituinte o que acarreta frustrações do povo brasileiro, não só porque, nas constituições anteriores, negou-se força normativa aos textos constitucionais, mas, sobretudo, pela falta de vontade política de dar-lhe aplicabilidade direta e imediata. A sociedade não suporta mais os postulados da hermenêutica tradicional que dava às normas constitucionais o caráter de mera ordenação de programas de ação, relegando ao legislador infraconstitucional a tarefa de complementar-lhe propósitos, reduzindo seus preceitos a promessas distantes, longínquas que jamais se concretizavam. A reversão deste quadro só é possível a partir da normatização dos princípios filosóficos que reintroduziram a moral e a ética no direito, como ideal de justiça, em aberto divórcio aos postulados do positivismo jurídico ou da legalidade estrita preconizadas por *Hans Kelsen* e *Robert Hart*.

Em uma visão pós-positivista, os princípios jurídicos, em especial os princípios constitucionais, que incorporam a proteção de valores magnos como a dignidade da pessoa humana, a liberdade, a igualdade, a privacidade, a legalidade etc., adquiriram força normativa, porque dotados de estrutura de normas constitucionais. Esta nova postura permite que o intérprete visualize o texto constitucional apenas como um ponto de partida para a atividade interpretativa, autorizando que se lhes dê aplicação direta e imediata, ainda que, em alguns aspectos, expressamente vincule à regulamentação infraconstitucional.

Neste contexto, foi fácil concluir que o uso da discricionariedade nos atos da administração pública, instituto muito em voga no Estado Liberal, apogeu do positivismo jurídico, hoje ficou praticamente "reduzida a zero". É ultrapassada a concepção de insindicabilidade da discricionariedade administrativa que impediria o Judiciário de examinar os elementos *conveniência* e *oportunidade* do ato, ou seja, o seu mérito. Neste sentido, procurou-se demonstrar o significativo avanço da doutrina e jurisprudência alemã, espanhola e brasileira, notadamente por meio de decisões do Tribunal de Justiça de São Paulo, do Superior Tribunal de Justiça e do Supremo Tribunal Federal que incorporam, há algum tempo, esse conceito de discricionariedade administrativa quase "reduzida a zero".

Nada disso, entretanto, será viável, sem um Judiciário institucionalmente forte, corajoso, independente, mais comprometido em dar efetividade ao direito, incorporando estes avanços científicos, a fim de conferir ao cidadão a tutela jurídica plena e efetiva. As tradicionais dificuldades que afetam o Poder Judiciário não podem arredá-lo deste propósito. Assim, a razoabilidade da escolha entre as alternativas legais para a prática do ato, pode ser objeto de controle do Poder Judiciário, quando a opção adotada pelo administrador público não foi a que melhor atendeu os interesses dos administrados, notadamente quando se desconsiderou necessidade premente da população.

Sem a pretensão de esgotar o tema que se caracteriza por enorme complexidade, espera-se poder contribuir para algum avanço.

O Autor

PRIMEIRA PARTE

I. PRINCÍPIO DA INAFASTABILIDADE DA JURISDIÇÃO

1. OS PRINCÍPIOS JURÍDICOS E A CONSTITUIÇÃO

1.1. Considerações gerais

A expressão princípios tem origem no latim *principium, — i*, substantivo masculino que, entre outros sentidos, significa *fundamento, origem*, mas também é utilizada no sentido de: o que veio antes, o que antecede, ou o início ou começo.

Não se faz ciência sem princípios[(1)]. A idéia de ciência está fundamentalmente ligada a princípios. Os diversos ramos do conhecimento científico, para ganharem autonomia científica e didática, dependem de se constituir em um conjunto coordenado e sistematizado de princípios em que se fundamenta e que vai traçar-lhe diretriz própria e distinta dos demais.

Para *Miguel Reale*[(2)], os princípios *são certos enunciados lógicos admitidos como condição ou base de validade das demais asserções que compõem um dado campo do saber.*

No âmbito da ciência jurídica, o professor *Rui Portanova*[(3)] transcreve a lição do insigne professor *Geraldo Ataliba*: *"o princípio é muito mais importante que uma norma."* E, citando *Agostinho Gordillo* complementa sustentando que mais que uma norma é "uma diretriz, é um norte do sistema, é um rumo apontando para ser seguido por todo o sistema. Rege toda a interpretação do sistema e a ele se deve curvar o intérprete, sempre que se vai debruçar sobre os preceitos contidos no sistema".

Para *Celso Antônio Bandeira de Mello*[(4)]:

> "Princípio — já averbamos alhures — é, por definição, mandamento nuclear de um sistema, verdadeiro alicerce dele, disposição fundamental que se irradia sobre diferentes normas compondo-lhes o espírito e servindo de critério para sua exata compreensão e inteligência, exatamente por definir a lógica e a racionalidade do sistema normativo, no que lhe confere a tônica e lhe dá sentido harmônico."

---

(1) *Princípios do processo civil.* 1997, Livraria do Advogado. p. 13.

(2) *Lições preliminares de direito.* São Paulo: Saraiva, 1989. p. 300.

(3) *Idem*, p. 13.

(4) *Curso de direito administrativo.* São Paulo: Malheiros, 1996. p. 545-546.

O ordenamento jurídico não é constituído exclusivamente por regras, compondo-o "princípios jurídicos e princípios de direito". Os princípios não se confundem e nem se apresentam como regras de direito, na medida em que são proposições ou enunciados descritivos não normativos, como se verá adiante.

Dentre as inúmeras significações ou distinções que se faz da palavra *princípios jurídicos*[5], limitar-nos-emos a enfocar, nos limites deste trabalho, o sentido de "princípios jurídicos que constituem as regras jurídicas e os princípios gerais de direito". No primeiro sentido, *Eros R. Grau*[6], adotando a *classificação* de *Antoine Jeammaud*, diz que não podem ser valorados como verdadeiros ou falsos, mas como vigentes e/ou eficazes ou não vigentes e/ou não eficazes. No segundo sentido, "são proposições descritivas (não normativas), através das quais os juristas se referem, de maneira sintética, o conteúdo e as grandes tendências do direito positivo".

Os princípios gerais de direito são freqüentemente utilizados pela jurisprudência para fundamentar uma decisão, na medida em que são "descobertos" no ordenamento jurídico positivo. São princípios que o legislador levou em conta quando da elaboração das normas, e ficam latentes no texto legal ou mesmo constitucional à espera que o intérprete "descubra-o".

Estes princípios existem em cada ordenamento jurídico, em estado de latência, repousam no "direito pressuposto", onde são encontrados e de onde os resgatamos. Diz-se, então, que estes princípios gerais é o alicerce do edifício jurídico, não estando expressos; mas, são pressupostos da ordem jurídica. Chega-se a eles por indução, partindo de princípios particulares para se chegar aos conceitos gerais, por generalizações sucessivas chega-se aos píncaros da ordem jurídica. Fica a cargo da doutrina elevar o mais alto possível esta indução, para alargar-lhes os horizontes e torná-los mais abrangentes.

A inspiração doutrinária não faz criar *princípios jurídicos*, apenas se limita a dar adequada expressão conceitual de alguma coisa que já se encontra, como um dado, mais ou menos explícito, no ordenamento jurídico ao qual aquela construção dogmática se refere, e da qual, portanto, depende essencialmente.

Observa-se que as expressões princípios jurídicos positivados correspondem às regras jurídicas e as expressões princípios gerais de direito é a que se refere à teoré-

---

(5) GRAU, Eros Roberto. *A ordem econômica na Constituição de 1998*. São Paulo: Malheiros, 2000. p. 84-85, que *Genaro Carrió, in notas sobre derecho y lenguage, indica sete focos de significação assumidos pelo vocábulo princípios, a partir deles enunciando nada mais, nada menos que onze significações atribuíveis à expressão 'princípios jurídicos'*. Acrescenta que *Jerzi Wróblewski*, arrola cinco tipos de princípios, *in Principes du droit, a saber: a) 'Principe positif du droit': c'est la norme explicitement formulée dans le texte du droit positif, à savoir soit une disposition légale, soit une norme construite à partir des éléments contenus dans ces dispositions; b) 'Príncipe implicite du droit': c'est une regle traitée comme prémisse ou conséquence des dispositions légales ou des normes; c) Príncipe extrasystemique du droit: c'est una regle traitée comme principe, mais que n´este ni principe positif du droit, ni principe implicite du droit; d) 'Principe-nom du droit': c'est le nom caractérisant lês traits essentiels d´une instition juridique; e) 'Principe-construction du droit': c'est la constuction du législateur rationnel ou parfait, presupposée dans l´elaboration dogmantique du droit ou dans l application et l´interpretation juridique.*

(6) *A ordem econômica na Constituição de 1998*. São Paulo: Malheiros, 2000. p. 85.

tica geral do direito, como se encontra no art. 4º da Lei de Introdução ao Código Civil, no art. 8º da CLT, no art. 126 do Código de Processo Civil e no § 2º do art. 5º da Constituição.

A positivação dos princípios gerais de direito, ou a sua transformação em *princípios jurídicos 'positivados'*, pode ser encontrada nas seguintes alternativas: "a) a 'positivação' deles importa seu resgate no universo do direito natural. b) essa 'positivação' é conseqüente ao seu descobrimento (do princípio) no interior do 'direito positivo'." A opção pela primeira seria perfilhar o entendimento de que os princípios emanam do direito natural. Este autor parece refutá-la. Isto porque, sustenta com veemência que os princípios de direito são *descobertos* no interior de determinado ordenamento, não se tratando, portanto, de princípios que o intérprete ou aplicador do direito possa resgatar fora do ordenamento, em uma ordem suprapositiva ou no Direito Natural.

Aliás, sustentava *Francesco Carnellutti*[7] há muito que os princípios gerais de direito são descobertos dentro do ordenamento jurídico.

Destaquem-se alguns princípios gerais de direito tradicionalmente invocados: a) "ninguém pode lesar a outrem"; b) "proibe-se o enriquecimento sem causa"; c) "ninguém pode valer-se da própria torpeza"; "a boa-fé se presume"; d) "deve-se favorecer aquele que procura evitar um dano do que aquele que busca realizar um ganho"; e) "ninguém pode transferir direitos mais do que tem".

O direito enfeixa um conjunto de preceitos que vicejam em regras que incorporam princípios, explícitos e implícitos, estabelecendo padrões de condutas esperadas tanto dos indivíduos dentro da sociedade (âmbito privado), como da própria organização da sociedade e desta em relação aos indivíduos que a compõe (âmbito público). A idéia de um "direito pressuposto", como fonte da doutrina para a formulação dos princípios, leva à conclusão que o seu conteúdo é inspirado na ética e na moral e vai espelhar a proteção de valores como a dignidade da pessoa humana, a liberdade, a honra, a justiça, a privacidade, a propriedade, a liberdade de trabalho, o autogoverno, a cidadania, a livre iniciativa, a igualdade, a paz etc.

Estes valores[8] ganham sentido normativo que norteiam a interpretação constitucional, um estatuto jurídico-político. Assim, na hermenêutica constitucional

---

(7) *I principi generali non sono dunque qualche cosa che esista 'fuouri dal diritto scritto', ma 'dentro il medesimo, poiche non si ricavano da altro che dalle norme costituite. Sono dentro il diritto scritto come l'alcool e dentro il vino; sono lo spirito o la essenza della legge. Perció sono principi de diritto positivo, non di dirito naturale o di diritto storico; la storia o la filosofia non sono cio 'da cui' si ricavano, ma eventualmente cio con cui si recavano I principi generali dalle norme costuite, cioé mezzi per la interpretazione di queste; somigliano ai reagenti adoperati per poterne estrarre meglio la essenza.* (*Sistema de diritto processuale civile.* Pádua: CEDAM, 1936. p. 120-121.

(8) "'Valor', em sentido normativo, é tudo aquilo que orienta (indica diretriz) a conduta humana. É um vetor (indica sempre um sentido) que guia, atrai, consciente ou inconscientemente, o ser humano. O valor comporta sempre um julgamento, e, pois, uma possibilidade de escolha entre caminhos diferentes. Isso porque a cada valor corresponde um desvalor. Nesse sentido, a democracia é um valor político; a ditadura, um desvalor. Os valores sociais do trabalho e da livre iniciativa são, assim, os elementos que lhe dão o rumo do bem-estar social." (Afonso da Silva. *Comentários contextual à Constituição.* São Paulo: Malheiros, 2005. p. 35).

sempre somos levados a sopesá-los e a perquirir como eles interferem no plano jurídico. Eis a razão pela *qual a interpretação das leis em conformidade com a constituição*[9] não se dá a partir de uma particular expressão da Constituição, mas dentro do seu conjunto sistemático de valores preserva incorporado ao sistema por princípios que a Constituição contempla.

Este contexto reflete a doutrina da "Teoria Tridimensional do Direito" de *Miguel Reale* "o direito como fato, valor e norma"[10].

Os princípios, então, auxiliarão o intérprete na busca da melhor preservação destes valores que norma visa tutelar.

1.2. A distinção entre normas e princípios

Do interesse em proteger os valores sociais magnos, emanam os princípios jurídicos. O intérprete e aplicador do direito nada mais farão do que dar sentido concreto a estes valores, na solução do caso particular. A norma é o gênero que alberga, como espécies, regras e princípios jurídicos, nestes incluídos tanto os princípios positivos de direito quanto os princípios gerais de direito.

O que caracteriza o princípio é a falta de precisão, ou a generalização e abstração lógica, segundo a lição de *Marcel Stati*[11].

Para *Ronald Dworkin*[12], os princípios são *standards* ou cláusulas genéricas que enunciam modos de ser *do Direito*, quer dizer, que refletem a dimensão jurídica da moralidade. À diferença das regras que se aplicam ou não se aplicam a um determinado caso, os princípios oferecem argumentos para decidir, mas não obrigam, por si mesmos, a adoção de uma única decisão. Os princípios, por suas vez, se enlaçam uns com outros de sorte que um mesmo princípio mais genérico pode se concretizar em outros específicos ou derivados.

Ronald Dworkin[13] diferencia princípios e regras jurídicas demonstrando que: a) as regras jurídicas, não comportando exceções, são aplicáveis de modo completo ou não o são, de modo absoluto, não se passando o mesmo com os princípios; b) os princípios possuem uma dimensão — a dimensão do peso ou da importância — que não comparece nas regras jurídicas.

Este mesmo autor considera que a distinção entre princípios e regras é essencialmente de caráter lógico, assinalando que:

"[...] enquanto os princípios não expressam conseqüências jurídicas que se seguem automaticamente, quando dão as condições previstas, as regras são

(9) CANOTILHO, J. J. Gomes. *Direito constitucional e teoria da Constituição*. 3. ed. Portugal, Lisboa: Almedina. p. 1.151-1.152.

(10) *Teoria tridimensional do direito*. São Paulo: Saraiva, 1994. p. 8.

(11) *Le standard juridique*. Paris: LJAM, 1927. 56.

(12) *Levando o direito a sério*. São Paulo: Martins Fontes, 2002. Tradução de Nelson Boeira. p. 22.

(13) *Idem*, p. 22.

aplicadas à feição do tudo ou nada *(all-or-nothing)*, de sorte que se ocorrem os fatos estabelecidos por uma regra, então: ou a regra é válida, e em tal caso, deve-se aceitar a resposta que ela fornece; ou a regra é inválida, e em tal caso, não influi na decisão."

Acrescenta o mesmo autor que os princípios possuem uma dimensão de peso ou de importância ausentes nas regras que vão orientar o intérprete na solução de conflitos de princípios jurídicos.

Denomina, então, de *"policies"* os *standard's* que visam a alcançar a melhoria de vida da coletividade, do ponto de vista de objetivos econômicos, políticos e sociais. Os *principles of standards* devem ser observados não por aspectos econômicos e sociais, mas com exigência de justiça, equidade ou de qualquer outra dimensão moral. Exemplifica, então, dizendo que se o *standard* estabelece que os acidentes de trânsito devem diminuir é uma *policy;* enquanto o *standard* que estabelece que ninguém deve tirar vantagem do próprio ilícito é *principle.*

Os critérios ou a forma de solução do problema do conflito entre as regras e o conflito entre os princípios, para a solução de caso concreto, ajuda a melhor distinguir as regras dos princípios jurídicos.

O conflito entre regras de um mesmo ordenamento jurídico que estão em plena eficácia se resolve pela eliminação de uma delas pelo critério cronológico, pelo critério hierárquico e pelo critério da especialidade. O conflito entre princípios que leva o aplicador ou intérprete do direito a adotar um em detrimento do outro não acarreta a eliminação de um para adoção de outro, pois, o princípio que foi rejeitado para a solução de um caso hoje, pode ter perfeita aplicação, em outro caso, amanhã.

Robert Alexy(14) ensina que os princípios são *mandados de otimização* que se caracterizam pelo fato de poderem ser cumpridos proporcionalmente às condições reais e jurídicas existentes *(possibilidades fáticas e jurídicas)*, enquanto as normas são cumpridas ou não. Os conflitos entre regras ocorrem na dimensão da validade; os conflitos entre princípios se verificam — visto que apenas princípios válidos entre si — dentro da dimensão de peso.

Argumenta *Letizia Gianformaggio*(15), que os princípios são *juízos de concorrência.* Uma regra é uma norma cuja aplicação possui como núcleo central de sua argumentação, qual seja a subsunção de uma situação de fato — *fattispecie concreta* — a uma previsão normativa — *fattispecie astrata.* O mesmo não se dá com os princípios, os quais *jamais são entre si incompatíveis; são entre si concorrentes.* Aplicar um princípio implica também adotar outros princípios com ele concorrentes no sentido de se alcançar o mínimo de restrição dos princípios envolvidos. E dá exemplos: *o*

(14) *Teoría de los derechos fundamentales.* Tradução de Ernesto Garzón Valdés. Madrid: Centro de los Estúdios Constitucionales, 1993. p. 89.

(15) *Apud* FARIAS, Edílson Pereira de. *Colisão de direitos — honra, a intimidade, a vida privada e a imagem* versus *a liberdade de expressão e a informação.* Porto Alegre: Sérgio Antonio Fabris Editor, 2000. p. 65-103.

máximo possível de garantia das liberdades individuais compatíveis com a tutela da saúde (e vice-versa); o máximo possível de tutela da liberdade de manifestação do pensamento compatível com o bom costume (e vice-versa).

O argumento que predomina entre os autores citados é de que as normas, aqui a expressão é utilizada como sinônimo de regras, são aplicáveis ou não são aplicáveis para a solução do caso concreto, para a preservação de um valor juridicamente tutelado; enquanto os princípios concorrem para a busca da melhor aplicação do direito, com vistas à solução mais justa; por isso, devem ser sopesados para se extrair do direito as conseqüências jurídicas que o ordenamento jurídico preconizou. Verifica-se que as regras e os princípios têm funções diferenciadas, mas convergentes a um mesmo fim: a preservação dos valores fundamentais para a convivência social.

1.3. Conflitos ou antinomias entre princípios jurídicos

As referências a este tema no item anterior foram tão-somente para buscar estabelecer as diferenças entre normas e princípios. Aqui, sem a pretensão de esgotá-lo, faremos digressão maior.

Parafraseando *Norberto Bobbio*(16), pode-se definir antinomia jurídica como aquela situação na qual são colocadas em existência duas normas que pertencem ao mesmo ordenamento jurídico e tem o mesmo âmbito de validade (temporal, espacial e material) *em que uma das quais obriga e a outra proíbe, ou uma obriga e a outra permite, ou uma proíbe e a outra permite mesmo comportamento.*

Pelo fato de o ordenamento jurídico ser inspirado em valores que invariavelmente se contrapõem, o intérprete ou aplicador do direito se depara com situações que o obriga a adotar um princípio em detrimento de outro, sem, contudo, suprimir um para aplicar o outro, como faria para a solução do conflito de normas.

Dá-se, então, por exemplo, o conflito entre a garantia de liberdade em confronto com o da segurança; o direito à informação e a garantia de preservação de intimidade; o direito do suposto pai à proteção à sua integridade física (recusando-se a submeter ao exame de DNA) e direito da criança à sua real identidade; o direito à incolumidade física e o dever do Estado de preservação da saúde pública (em caso de recusa em se submeter à vacinação em massa); poder investigatório do Ministério Público e o direito ao sigilo bancário; o direito de propriedade e o poder do município de legislar sobre assuntos de interesse local e limitar o direito de construir.

A colisão de princípios jurídicos ocorre internamente no ordenamento jurídico. São contradições de normas em sentido amplo que têm lugar dentro do ordenamento jurídico que caracterizam as colisões de princípios que se sucedem sempre dentro do ordenamento jurídico. Isto põe claramente de manifesto que o conceito de colisão de princípios pressupõe a validade dos princípios em conflito.

---

(16) *Teoria do ordenamento jurídico*. Brasília: Editora da EnB, 1997. p. 86.

De sorte que não se resolve colisão entre dois princípios suprimindo um em favor do outro. A solução dar-se-á sempre levando em conta o peso ou a importância relativa a cada princípio, para escolher qual deles prevalecerá e qual deles será afastado, em relação ao caso concreto.

No critério do peso e da importância de cada princípio, é fundamental guiar-se pelos princípios da proporcionalidade e da razoabilidade.

Os princípios da razoabilidade — que é o mais utilizado e desenvolvido pelo direito anglo-americano — *reasonableness*. O princípio da proporcionalidade — com origem e utilização na Europa Continental e utilizado também no Brasil — destinam-se a controlar a relação entre os fins objetivados e os meios efetivamente utilizados, nas ações do Poder Público, limitadas a essa justa proporção.

Como sustenta a Dra. *Liliane Roriz*(17), Juíza Federal da 2ª Região:

> "estes dois princípios — da razoabilidade e da proporcionalidade — integram o direito constitucional brasileiro, embora nenhum deles esteja expresso na Constituição, e a eles deve recorrer o intérprete, sempre que necessário. Duas correntes conduzem a esse raciocínio: defende a primeira delas, com base no entendimento alemão, que os referidos princípios integram o próprio conceito de Estado de Direito, enquanto a outra, baseada na doutrina norte-americana, aduz que eles estão contidos no conceito de devido processo legal, em seu aspecto substantivo (substantive *due process*)".

Não se pode discordar que estes princípios (razoabilidade e proporcionalidade) devem orientar o juízo de ponderação, na valoração do peso e da importância de cada um dos princípios em conflito, no sentido de que o sacrifício imposto a um deles, seja razoável e proporcionalmente mais intenso do que o benefício obtido pelo outro, em face do caso concreto.

É interessante a observação de *Humberto Ávila*(18) que a própria idéia de conflito necessita ser repensada, porque o conteúdo normativo de um princípio depende da complementação (positiva) e limitação (negativa), decorrentes da relação dialética com outros princípios. Sem essa complementação, parece inconcebível a ocorrência de efetivas "colisões" entre eles. Defende, então, este autor que, na verdade, haveria um conflito aparente e não-uniforme, porque a idéia de princípio pressupõe a identidade de hipóteses e campos de aplicação contrapostos das normas. Entretanto, os princípios são justamente definidos em função de não terem hipóteses de incidência e uma conseqüência jurídica abstratamente definida ou determinada. Na verdade, a dificuldade, muitas vezes, está em se definir qual o princípio a ser aplicado, para a solução do caso concreto, do que propriamente a existência de conflito entre princípios, em que seria adequado perquirir da primazia de um princípio sobre o outro, mas apenas da inaplicabilidade de um em detrimento do outro.

---

(17) *Conflito entre normas constitucionais*. Rio de Janeiro: América Jurídica, 2002. p. 44-45.

(18) A distinção entre princípios e regras e a redefinição do dever de proporcionalidade. *Revista de Direito Administrativo*, Rio de Janeiro, p. 162, jan./mar., 1999.

É pertinente a observação porque os princípios jurídicos não se apresentam como *imperativos categóricos, mandatos definitivos*, nem *ordenações de vigência* por força de ato legislativo. Eles enunciam motivos para que o seu aplicador se decida neste ou naquele sentido. A noção do justo e do injusto não é preestabelecida pelo modelo hipotético-legal, deixando "em aberto" para que o aplicador do direito lance mão de *standards* normativos, porque sabe de antemão que, somente diante de situações concretas, poder-se-á avaliar a sua efetividade para melhor solução no caso concreto.

1.4. A importância e a função dos princípios jurídicos

Os princípios de direito, embora às vezes não positivados, desempenha papel de importância inquestionável e definitiva no processo de aplicação do direito[19]. Tanto é verdade que para bem interpretar e aplicar com eficácia as regras de um determinado ordenamento, o operador do direito depende de conhecer os princípios que o regem, sob pena de fracassar no seu propósito.

Por um lado, a função dos princípios para o direito é de extrema relevância, já que entre nós estão arrolados entre as fontes do direito. Com efeito, o art. 4º da Lei de Introdução do Código Civil, art. 8º da Consolidação das Leis do Trabalho e art. 126 do Código de Processo Civil são expressos no sentido de que os princípios se constituem em uma das formas de suprir as lacunas da lei. Sacramenta a noção dos princípios como fundamento e diretriz de uso obrigatório e necessário no direito, o preceito do § 1º do art. 5º da CRFB/88 quando diz expressamente que *"os direitos e garantias expressos nesta Constituição não excluem outros decorrentes do regime e dos princípios por ela adotados ou ..."*.

No que se refere ao Direito Processual Civil, *Moacyr Amaral Santos*[20] em sua clássica definição diz que o direito processual é o *sistema de princípios e normas legais que regulam o processo, disciplinando as atividades dos sujeitos interessados, do órgão jurisdicional e seus auxiliares*. A proposital inserção dos princípios no conceito de direito processual civil, pelo insigne autor, só vem confirmar que este ramo do direito não é constituído só de normas, ou a idéia de que um conjunto sistemático de normas não seria suficiente para uma noção cabal. Isto porque, um conjunto de princípios forma a base científica do direito processual civil, pois, se de um lado, influencia o legislador na formulação das normas, na criação das regras de processo, por outro, orienta o intérprete na aplicação do direito processual.

Ademais, a autonomia científica e didática do direito processual civil só pôde ser proclamada, depois que um conjunto de idéias, de forma lógica, foram enunciadas como a solidez de sua base científica ou de validade de seus preceitos, e que uma vez sistematizadas deram-lhe feições peculiares e distintas dos demais ramos do conhecimento jurídico.

---

(19) A expressão é utilizada no sentido de um conjunto de princípios e regras, refutando-se a idéia de direito como um sistema de regras.

(20) *Primeiras linhas de direito processual civil.* São Paulo: Saraiva, 1984. p. 13.

Os princípios fundamentais do direito processual repousam na Constituição Federal de 1988, a começar no *caput* e vários incisos do art. 5º e difusos em vários dispositivos da Constituição. É o que observamos no art. 5º, inciso II *(da legalidade)*; art. 5º, inciso LIV *(due process of law)*; art. 5º, *caput* e inciso I *(isonomia ou da igualdade das partes)*; art. 5º, incisos XXXVII e LIII *(do juiz)*, art. 5º, inciso XXXV *(inafastabilidade do controle judicial/princípio do direito de ação)*; art. 5º, inciso LV (contraditório e da ampla defesa); art. 5º, inciso LVI *(proibição da prova ilícita)*; arts. 5º, inciso LX e 93, IX *(publicidade dos atos)*; art. 93, IX *(motivação das decisões judiciais)*.

Por outro lado, os princípios são delineados como mandamentos nucleares do sistema jurídico, fundamental para a estrutura e direção de políticas de Estado de Direito, penetram ou interferem em todo o ordenamento jurídico. Assim, aqueles insculpidos na Constituição caracterizam-se por sua qualidade de originários dos quais derivam todos os demais princípios que permeiam as normas infraconstitucionais, desde as leis complementares, ordinárias, até decretos e atos concretos, administrativos ou jurisdicionais.

Cumpre destacar que no último quartel do século XX e, entre nós a partir da promulgação da Constituição Federal de 1988, os princípios passaram a integrar as constituições, formulando a fundamentação toda ordem jurídica, *como amálgama imprescindível à existência de um sistema, sem o qual haveria apenas um conjunto de idéias amorfas*(21).

Caracteriza-se, portanto, com uma tendência constitucional da normatização dos princípios que reintroduziram a moral e a ética no direito, como ideal de justiça, presente na interpretação da ordem jurídica, em aberto divórcio aos postulados do positivismo jurídico ou da legalidade estrita de *Kelsen* e *Hart*.

E não é só isto, como ressaltado anteriormente, em uma visão pós-positivista, os princípios, em especial os princípios constitucionais, adquiriram caráter normativo. Conferiu-se-lhes, portanto, a função fundamentadora da ordem jurídica. Entretanto, isto não lhes retira as funções interpretativa e supletiva, ou seja, de recursos tradicionais de hermenêutica, para suprimir as lacunas nas regras, na solução do caso concreto.

Em decorrência desta função fundamentadora da ordem jurídica, *Paulo Bonavides*(22) sustenta que *os princípios ostentam uma eficácia derrogatória e diretiva*. Assim, as regras que a eles se contraponham não têm eficácia, ou perdem a validade. Por ser evidente, o insigne jurista, refere-se àqueles princípios dotados de estrutura de normas, como os que incorporam valores como a dignidade da pessoa humana, a liberdade, a igualdade, a privacidade, a legalidade, jamais àqueles princípios que se destinam a socorrer o intérprete na solução do caso concreto, como o da aplicação da norma mais favorável e da condição mais benéfica, comum às questões de

---

(21) ESPADA, Cinthia Bosco da Fonseca. Dignidade da pessoa humana trabalhadora. *Revista AMATRA-XV*, p. 43, jan., 2007.

(22) *Curso de direito constitucional*. São Paulo: Malheiros, 2005. p. 283-284.

direito do trabalho, às relações de consumo, à proteção da criança e aos adolescentes ou idosos que albergam concepções contidas em outros princípios constitucionais, como os princípios da proporcionalidade e da razoabilidade.

É a partir desta visão que se pode interpretar o que ensina *Celso Antônio Bandeira de Mello*(23):

> "Violar um princípio é muito mais grave que transgredir uma norma qualquer. A desatenção ao princípio implica ofensa não apenas a um fim específico mandamento obrigatório, mas a todo o sistema de comandos. É a mais grave forma de ilegalidade ou inconstitucionalidade, conforme o escalão do princípio atingido, porque representa insurgência contra todo o sistema, subversão dos seus valores fundamentais, contumélia irremissível a seu arcabouço lógico e corrosão de sua estrutura mestra."

1.5. Os princípios jurídicos e a Constituição

Os princípios impõem-se como preceito de direito quando expressam valores absorvidos pela ordem jurídica como base do sistema a ser observado no Estado, tanto por governantes como por governados.

A Constituição elenca os princípios informadores da ordem jurídica a serem seguidos em determinada sociedade organizada que busca a realização do que é materialmente viável e justo para toda a coletividade. Assim, os princípios veiculam aspirações de construção de uma *sociedade livre, justa e solidária,* no sentido amplo e de acordo com a experiência constitucional cumulada ao longo da história pela humanidade.

O constitucionalismo contemporâneo deixou para trás o apego à interpretação e aplicação de regras constitucionais, segundo métodos tradicionais, para avançar e ganhar uma dimensão principiológica, que permite ampliar e alargar a aplicação dos seus preceitos, como para propiciar a sua recriação permanente, com renovação constante do conteúdo destas regras, conforme os princípios que estejam voltados para a concretização do valor primordial, segundo o modelo de vida escolhido por esta mesma sociedade, que é a justiça.

Assim, as normas constitucionais não contêm um simples regramento concreto para padrões de condutas materiais das pessoas, pois a natureza e eficácia fazem irradiar os seus preceitos para todo o ordenamento jurídico, em razão de ser mais ampla em sua fundamentabilidade e da sua função basilar de todo o ordenamento, pelos princípios que nela se inserem e por ela se fazem valer.

A professora Dra. *Carmen Lúcia Antunes Rocha*(24), em razão disso, ensina que *São os princípios que permitem à Constituição ser documento de libertação e não mais*

(23) *Idem*, p. 545.

(24) *Princípios constitucionais da administração pública.* Belo Horizonte: Del Rey, 1994. p. 28-29.

apenas de garantia de liberdade ..., ressaltando duas características do Direito Constitucional Contemporâneo que evidenciam os princípios como pontos cardeais, quais sejam, *a sua legitimidade e atualização permanente.*

Os princípios preservam os valores que a sociedade elegeu como magnos e superiores, os quais passam a constituir o fundamento, a razão e os fins do sistema constitucional. Os princípios, uma vez contemplados na Constituição e dotados de normatividade e eficácia, passam a ter por conteúdo tais valores que vão reger e nortear os passos do aplicador do direito constitucional.

Os princípios constitucionais formam o conteúdo ideológico e a essência do sistema constitucional, porque eles vão constituir no conteúdo intelectivo dos valores magnos de uma sociedade política. São estes valores materializados nos princípios e formalizados em normas jurídicas que vão produzir uma ordenação política do Estado.

Por serem evidentes, os valores consagrados socialmente são conseqüências da opção ético-social de cada povo e, por isso, antecedem aos princípios. Estes devem incorporar aqueles, para guardarem coerência com o ideário social (de acordo com a opção ético-social). O sistema jurídico só será legítimo e terá melhores condições de efetividade, se expressar igualmente com coerência os princípios formulados que encarnarem aqueles valores.

São os princípios constitucionais que conferem, ainda, a unidade e harmonia ao sistema, e que permitem que o sistema normativo se supere, se recrie e se atualize. Isto porque, a Constituição não se reduz às normas escritas, nem se restringe à literalidade que os seus termos e palavra expressam, porque dela decorrem preceitos implícitos.

Os princípios constitucionais são os conteúdos primeiros e diretores do sistema jurídico normativo fundamental de um Estado. São por isso dotados de originalidade e superioridade material sobre todos os conteúdos que formam o ordenamento jurídico constitucional. É o direito que transforma os valores firmados pela sociedade em princípios.

Esta nova visão acerca dos princípios jurídicos tem implicações em relação à efetividade do direito, porque, como ressalta *Cinthia Bosco da Fonseca Espada*[25], *A compreensão dos princípios como normas vigentes, válidas e eficazes também impede a aceitação de dispositivos constitucionais programáticos ou de eficácia contida ou limitada.*

Aliás, *Luis Roberto Barros*[26] ressalta com propriedade que:

> "Prevaleceu, entre nós, a tradição européia da primeira metade do século, que via a Lei Fundamental como mera ordenação de programas de ação, convocações ao legislador ordinário e aos poderes públicos em geral. Daí, porque

---

(25) *Op. cit.* p. 44.

(26) *A nova interpretação constitucional, ponderação, direitos fundamentais e relações privadas.* Rio de Janeiro: Renovar, 2006. p. 238.

as Cartas Brasileiras sempre se deixaram inflacionar por promessas de atuação e pretensos direitos que jamais se consumaram na prática. Uma história marcada pela insinceridade e frustração."

Como mecanismo para refutar essa velha e odiosa prática apontada acima, em que se busca dar eficácia ou maior eficiência prática aos comandos, em sede de hermenêutica constitucional, deve o intérprete visualizar no texto de lei apenas um ponto de partida para a atividade interpretativa. A norma é o significado de um contexto de idéias, valores e princípios a serem observados e preservados. Fugir desta postura será um flagrante retrocesso.

Assim, a plena eficácia dos comandos constitucionais só será alcançada, levando-se a sério o caráter normativo dos princípios constitucionais, dotados de estrutura de normas, emprestando-lhes função fundamentadora da ordem jurídica, deixando para trás, de vez, a idéia de que os princípios constitucionais são meros instrumentos de hermenêutica, com caráter interpretativo e supletivo de regras constitucionais.

1.6. Princípios jurídicos e direitos fundamentais materiais

Perez Luño(27) sustenta que há um nexo de interdependência genético e funcional entre o Estado de Direito e os direitos dundamentais, *ya que el Estado de Derecho exige y implica para serlo garantizar los derechos fundamentales, mientras que éstos exigen y implican para su realización al Estado de Derecho.*

O enfoque temático deste modesto trabalho permite fixar-se na noção de "direitos fundamentais"(28) no sentido *limitação imposta pela soberania popular aos Poderes constituídos do Estado que dela dependem.* São fundamentais, como salienta *José Afonso da Silva*(29) porque *se trata de situações jurídicas sem as quais a pessoa humana não se realiza, não convive e, às vezes, nem mesmo sobrevive;*

No âmbito do direito material, na tutela dos Direitos Fundamentais, a Constituição Federal contempla expressamente a preservação de valores, em que se destaca por sua magnitude e importância, o respeito à dignidade da pessoa humana (CF/88, art. 1º, inciso III); a cidadania, como limitação de poder do Estado (art. 1º, inciso

---

(27) FERRAJOLI *et al.* Los derechos fundamentales, p. 19-20. Zeno Simm, *apud* Os direitos fundamentais nas relações de trabalho. Revista LTr, São Paulo, n. 69, p. 11/1.287, 2005.

(28) "Não é uniforme o emprego dos termos 'direitos humanos', 'direitos fundamentais', 'direitos fundamentais do homem', pois depende do enfoque que se der ao tema. Assim, do ponto de vista da: *a) ciência jurídica positiva*, entendida como análise empírica das normas de direito positivo de um determinado ordenamento, seja estatal ou internacional; b) *a filosofia política ou da justiça*, entendida como doutrina normativa em torno de valores ético-políticos que merecem ou clamam ser tutelados como direitos fundamentais; c) *a teoria do* direito, entendida como sistema de conceitos e afirmações idôneas para denotar e explicar as formas e estruturas do direito positivo". Cf., FERRAJOLI *et all. Los fundamentos de los derechos fundamentales"*, p. 287, *apud* Zeno Simm. Os direitos fundamentais nas relações de trabalho. *Revista LTr*, São Paulo, n. 69, p. 11/1.289, 2005.

(29) *Direito constitucional positivo.* 5. ed. São Paulo: Malheiros, 1989. p. 159.

II); os valores sociais do trabalho e da livre iniciativa (art. 1º, inciso IV). Os princípios que tutelam os Direitos Fundamentais individuais são encontrados a partir do art. 5º, da nossa Carta Magna. Assim, consagra-se o princípio da igualdade (art. 5º, *caput* e inciso I); em diversos incisos do art. 5º as mais variadas formas de liberdade (ambulatória, de manifestação ou de expressão intelectual, artística, científica, de consciência e crença, exercício do trabalho, ofício ou profissão, de reunião, de associação etc.); inviolabilidade da intimidade, a vida privada, a honra e a imagem das pessoas, o sigilo nas comunicações (art. 5º, incisos X, XI e XII).

Além dos direitos individuais, não poderia deixar de mencionar os direitos sociais na Constituição.

A Constituição de 1988 discrimina rol dos direitos sociais: a educação, saúde, o trabalho, a moradia, o lazer, a segurança, a previdência social, a proteção à maternidade e à infância, a assistência aos desamparados (art. 6º). O patamar mínimo de direito dos trabalhadores urbanos e rurais são arrolados no art. 7º da Constituição. No Título VII "Da Ordem Social" define as formas de custeio e de seguro social (previdência social), a assistência social e a proteção à saúde; o direito de acesso à educação, à cultura e aos desportos; o incentivo ao desenvolvimento científico, à pesquisa e à capacitação tecnológica; a liberdade de manifestação de pensamento, artística e cultural; a garantia de meio ambiente ecologicamente equilibrado; o reconhecimento às diversas formas de organização familiar, além da proteção à criança, ao adolescente e ao idoso; a preservação de valores sociais e culturais e a prestação de assistência às comunidades indígenas.

Os direitos sociais, na doutrina do professor *Alexandre de Moraes*(30):

> "[...] se caracterizam como verdadeiras liberdades positivas, de observância obrigatória no Estado Social de Direito, tendo por finalidade a melhoria das condições de vida aos hipossuficientes, visando à concretização da igualdade social, e são consagrados como de fundamentos do Estado Democrático, pelo art. 1º, IV, da Constituição Federal."

Enquanto os "direitos individuais" têm por característica fundamental a imposição de conduta negativa ou de não fazer para o Estado, os direitos sociais exigem do Poder Público diversas atividades e prestações positivas, com vistas à propiciar o bem-estar e o pleno desenvolvimento da personalidade humana, sobretudo o amparo em momentos que, por contingências da própria existência, exigem maiores recursos, quando têm menos possibilidades de conquistá-los por seus próprios meios(31), como na doença, na infância, na velhice etc.

É neste sentido que *Canotilho*(32) afirma tratar-se de [...] *direitos a prestações significam, em sentido estrito, direito do particular obter algo através do Estado (saúde, educação, segurança social).*

---

(30) *Curso de direito constitucional*. 4. ed. São Paulo: Atlas, 1989. p. 181.

(31) RIBEIRO BASTOS, Celso. *Curso de direito constitucional*. 13. ed. São Paulo: Saraiva, 1990. p. 227.

(32) *Op. cit*. p. 384.

Canotilho e *Vital Moreira*[33] ressaltam a garantia de direitos mínimos dos trabalhadores, nestes termos:

"[...] a individualização de uma categoria de direitos e garantia dos trabalhadores de caráter pessoal e político, reveste-se de um particular significado constitucional, do ponto em que ela traduz o abandono de uma concepção tradicional dos direitos, liberdades e garantias como direitos do homem ou do cidadão genéricos e abstractos, fazendo intervir também o trabalhador (exatamente: o trabalhador subordinado) como titular de direitos de igual dignidade."

Esta postura intervencionista, no que toca especificamente aos trabalhadores, revela o abandono da posição absenteísta do Estado, para assumir postura pró-ativa em favor da igualdade substancial entre as partes no contrato de trabalho, isto é, preservar a dignidade da pessoa humana do cidadão trabalhador.

1.7. Princípios jurídicos e direitos fundamentais do processo

Não há nada de excepcional em destacar a tutela constitucional do processo e o direito de ação e classificá-lo na categoria dos direitos fundamentais.

O professor *Willis Santiago Guerra Filho*[34], analisando o princípio do contraditório, o direito de ação na Constituição e os direitos fundamentais, ressalta a *dimensão processual* dos direitos fundamentais, sustentando com propriedade que é possível fazer distinção entre *aquilo que há de processual nos direitos fundamentais, que são o seu aspecto garantístico, onde se tem direitos, de natureza processual, do que são direitos, material ou formalmente fundamentais.*

O professor *Moacyr Amaral Santos*[35], em sua clássica definição, já dizia que o *direito processual é o sistema de princípios e normas legais que regulam o processo, disciplinando as atividades dos sujeitos interessados, do órgão jurisdicional e seus auxiliares.* A proposital inserção dos princípios no conceito de direito processual, pelo insigne autor, só vem confirmar que este ramo do direito não é constituído só de normas, ou a idéia de que um conjunto sistemático de normas não seria suficiente para uma noção cabal. Isto porque, um conjunto de princípios forma a base científica do direito processual, pois, se de um lado, influencia o legislador na formulação das normas, na criação das regras de processo, por outro, orienta o intérprete na aplicação do direito processual.

Ademais, a autonomia científica e didática do direito processual só pode ser proclamada, depois que um conjunto de idéias, a partir de uma formulação lógica, forem enunciadas como a solidez de sua base científica ou de validade de seus preceitos e que, uma vez sistematizadas, deram-lhe feições peculiares e distintas dos demais ramos do conhecimento jurídico.

---

(33) CANOTILHO, J. J. Gomes; MOREIRA, Vital. *Fundamentos de direito constitucional.* Coimbra (Portugal): Coimbra, 1994. p. 41.

(34) *Processo constitucional e direitos fundamentais.* São Paulo: RCS Editora, 2005. p. 47-48.

(35) *Idem*, p. 13.

O rol dos direitos fundamentais da Constituição Federal de 1988, começa pelo *caput* e vários incisos do art. 5º, além de outros dispositivos referentes à tutela do processo. São exemplos o art. 5º, *caput* e inciso I *(isonomia ou da igualdade das partes)*; art. 5º, inciso II *(da legalidade)*; art. 5º, inciso LIV *(due process of law)*; art. 5º, incisos XXXVII e LIII *(do juiz)*; art. 5º, inciso XXXV *(inafastabilidade do controle judicial/princípio do direito de ação)*; art. 5º, inciso LV *(contraditório e da ampla defesa)*; art. 5º, inciso LVI *(proibição da prova ilícita)*; arts. 5º, inciso LX e 93, IX e X *(publicidade dos atos decisões judiciais e administrativas)*; art. 5º, inciso LXXVIII *(a todos, no âmbito judicial e administrativo, são assegurados a razoável duração do processo e os meios que garantam a celeridade de sua tramitação)*; art. 93, inciso IX *(motivação das decisões judiciais)*.

No que se refere à atividade jurisdicional do Estado e o direito de acesso das pessoas a esta atividade estatal, de forma eficiente, a Constituição, no art. 2º, preconiza tal garantia do princípio da independência dos poderes; no art. 95, as garantias da magistratura; no art. 127 e seguintes, institui as garantias do Ministério Público; no art. 133, a indispensabilidade do advogado na prestação jurisdicional; no art. 131, a instituição da advocacia pública e, no art. 134, a defensoria pública.

Sendo os princípios delineados como mandamentos nucleares do sistema jurídico, fundamental para a estrutura e direção de políticas de Estado de Direito, penetra ou interfere em todo o ordenamento jurídico. Assim, aqueles insculpidos na Constituição caracterizam-se por sua qualidade de originários dos quais derivam todos os demais princípios que permeiam as normas infraconstitucionais, desde as leis complementares, ordinárias, até decretos e atos concretos, administrativos ou jurisdicionais.

II. *ESTADO DE DIREITO E A TEORIA DA SEPARAÇÃO DOS PODERES*

2.1. Considerações gerais

Ensina *Adilson Abreu Dallari*[1] que o *Estado de Direito é aquele no qual os atos dos Governantes são regidos pela lei.* É da sua característica primordial, portanto, a submissão de todos à lei, inclusive dos governantes.

Lúcia Valle Figueiredo[2] leciona que *se não estiver o Estado curvado a* rule of law, *tal seja, à lei que o poder estatal se deve submeter, sequer poderíamos cogitar a existência de um Estado Democrático de Direito.* Esta mesma autora salienta que a sujeição à lei, porém, não é suficiente para caracterizar o Estado de Direito, pois são essenciais para tanto: *a "separação dos poderes" com a existência de um sistema de freios e contrapesos, do 'Juiz Natural', de um juiz imparcial, dotado de prerrogativas parar o exercício independente da função.*

José Afonso da Silva[3] aponta como características básicas do Estado de Direito:

> "a) submissão ao império da lei, que era a nota primária de seu conceito, sendo a lei considerada como ato emanado formalmente do Poder Legislativo, composto de representantes do povo, mas do povo-cidadão; b) divisão de poderes, que se separa de forma independente e harmônica os poderes Legislativo, Executivo e Judiciário, como técnica que assegure a produção das leis ao primeiro e a independência e imparcialidade ao último em face dos demais e das pressões dos poderes particulares; c) enunciado e garantia dos direitos individuais."

Este mesmo autor entende que a existência do Estado de Direito não se reduz à legalidade, porque não se confunde o Estado Direito com o Estado Legal. Enfim, para que se repute um Estado como de Direito, é necessário que nele se reúnam as características de subordinação à lei, de submissão à jurisdição.

---

(1) Administração pública e estado de direito. *Revista Trimestral de Direito Público*, p. 33 a 41.

(2) *Estado de direito e devido processo legal*. Apostila do curso de direito administrativo, pós-graduação da PUC-SP. Obra inédita.

(3) *Direito Constitucional Positivo*. São Paulo: Malheiros, 1989. p. 103.

Segundo, *Fracesc de Carreras Serras*[4] *o Estado de Direito* pode configurar-se antes de tudo como *o governo das leis e não o governo de homens*. Não se trata, portanto, unicamente de o poder estar submetido às normas, senão algo distinto: significa que o poder se exerce unicamente por meio de normas jurídicas; equivale dizer que os comandos mediante os quais se exerce o poder adotam a forma de norma jurídica. O Estado de Direito não é um ente sem finalidade ou sem finalidade previamente determinada, senão que tem um encargo de muito específico: assegurar a liberdade e igualdade do homem ou, dito com mais precisão, garantir a 'igual liberdade' de todos os homens. *Estes valores de liberdade e igualdade se manifestarão no mundo jurídico — através da técnica do direito subjetivo — sob a forma de direitos fundamentais.*

Aduz, ainda, o referido autor que o fundamento do Estado de Direito, conforme os primeiros pensadores eram:

> "a) a liberdade como criação da lei; b) as razões da lei; c) a liberdade em sentido jurídico: os direitos do homem; d) a identidade entre coerção legitima, liberdade e Direito; e) a organização do Estado e a posição dos cidadãos: divisão de poderes, igualdade ante a lei e participação em sua elaboração."

Vale acrescentar que *Norberto Bobbio*[5] entende que a abstração, a generalidade, a imparcialidade, a igualdade e a certeza constituem garantias do administrado no Estado de Direito.

J. J. Gomes Canotilho[6] entende que é possível sintetizar os pressupostos do Estado de Direito em: "1) Juridicidade; 2) Constitucionalidade; 3) Direitos fundamentais."

Dir-se-á, enfim, que para reconhecer o Estado de Direito devem estar presentes: a) submissão à jurisdição; b) jurisdição exercida por magistratura imparcial, cercada de todas as garantias; c) quando a jurisdição aplique somente o Direito; d) submissão do Estado à jurisdição como qualquer pessoa, podendo ser chamada a juízo em igualdade de condições de qualquer cidadão.

A idéia de poder é inerente e indissociável à de Estado. Não se concebe a existência do Estado, sem que seja dotado de um poder de comando, ou de governo próprio. Nos primórdios, o poder era concentrado em uma única pessoa, o monarca absoluto. No Estado Democrático de Direito o que legitima o poder é o pacto social que tem por pedra angular a Constituição. A experiência humana demonstrou, porém, que a concentração do poder é inconveniente para a segurança dos indivíduos, pois, tendo por razão a vontade potestativa do soberano, sujeitam os indivíduos a toda espécie de vicissitudes das contradições, fraquezas e incertezas humanas do soberano. Além disso, pela necessidade de evitar o arbítrio tornou-se imperioso

---

(4) Centro de estudios constitucionales. *Cuadernos y debates*. Madrid (Espanha): Technos, 2002. p. 3-6. Tradução do autor.

(5) *Studi per una teoria generalle del diritto*. p. 11-30.

(6) *Idem*, p. 354.

estabelecer limitação ao exercício do poder, sendo o meio ou a técnica mais eficaz a da "separação dos poderes" do Estado. No Estado de Direito, esta separação dá-se pela sua repartição entre órgãos instituídos na estrutura mais elevada da organização estatal para que, independentemente de quem venha exercitá-los, fique garantida a segurança jurídica.

O princípio da separação dos Poderes do Estado, como salienta *Manoel Gonçalves Ferreira Filho*[7] *não é invenção genial de um homem inspirado, mas sim é o resultado empírico da evolução constitucional inglesa, a qual consagrou o* Bill of Rights *de 1689.*

Mais à frente, ressalta que: *De fato, a 'gloriosa revolução' pôs no mesmo pé a autoridade real e a autoridade do parlamento, forçando um compromisso que foi a divisão do poder, reservando-se ao monarca certas funções, ao parlamento outro e reconhecendo-se a independência dos juízes.*

Argumenta, ainda que *foi teorizado por Locke, no 'Segundo tratamento do governo civil', que o justificou a partir da hipótese do estado de natureza.* E mais: *Ganhou ele, porém, repercussão estrondosa com a obra de Montesquieu, "O Espírito das Leis", que o transformou numa das mais célebres doutrinas políticas de todos os tempos.*

Na verdade, tornou-se a 'separação dos poderes', o princípio fundamental da organização política liberal e até foi transformada em dogma pelo art. 16 da Declaração dos Direitos do Homem e do Cidadão.

Com o surgimento da teoria da "*separação dos poderes*", atribuiu-se ao legislativo a precípua função de elaboração das leis; ao executivo a função típica de execução não contenciosa das leis; ao judiciário a aplicação contenciosa das leis. Preconizou-se que três órgãos — Legislativo, Executivo e Judiciário — seriam dotados de poderes diversos e inconfundíveis entre si e teriam atuação independente; porém, harmônica.

A interpretação e a aplicação da referida teoria deram-se de forma temperada nos Estados Unidos da América, onde a Constituição estabelece mecanismo de fiscalização de um poder sobre o outro, com a preocupação de impedir que um deles se sobreponha aos demais, limitando o poder da autoridade e garantindo as liberdades individuais. Diverso é o sistema francês que consagrou de forma rígida a 'separação dos poderes' de forma que a separação dos poderes deve ser de modo a evitar a penetração de um no âmbito peculiar do outro, a ponto de não se permitir que do Poder Judiciário seja subtraída a apreciação de qualquer controvérsia oriunda no Poder Executivo, criando, para tanto, o contencioso administrativo, com força judicante.

No Brasil, com a Constituição Imperial de 1824 teve-se a experiência do quarto poder, o Moderador, ao lado dos demais poderes da teoria clássica da "*separação dos poderes*". Tal experiência não obstante elogiada por alguns, pela parcimônia com que foi utilizada pelo Imperador, não logrou incorporar-se, em definitivo, no nosso sistema constitucional republicano, como se verificou das constituições que sucederam a Carta Política de 1824.

---

(7) *Curso de direito constitucional*. p. 117.

Ensina *José Afonso da Silva*[8] que:

"a 'separação de poderes' ou a 'divisão de poderes' fundamenta-se em dois elementos: (a) a especialização funcional, significando que cada órgão é especializado de uma função ... (b) independência orgânica, significando que, além da especialização funcional, é necessário que cada órgão seja efetivamente independente dos outros, o que postula ausência de meios de subordinação. E logo mais arremata que atualmente se prefere falar em 'colaboração dos poderes', tendo em vista a brutal ampliação das atividades estatais que impõe formas de relacionamento diferente entre os elevados órgãos da cúpula do Estado."

Ressalta o professor Dr. *Paulo Napoleão Nogueira da Silva*[9] (2002, p. 50):

"Por 'harmonia' deve-se entender a atuação de cada Poder, nos limites de sua competência, em prol das finalidades do Estado, nas etapas em que lhe tocar manifestar-se nos procedimentos relativos a essas finalidades; a harmonia consiste, enfim, reitere-se, em todos participarem igualmente, quando for da competência constitucional de cada um deles, num procedimento que objetiva os fins desejados pelo Estado."

Para finalizar, a Constituição Federal no art. 2º proclama: "São Poderes da União, independentes e harmônicos entre si, o Legislativo, o Executivo e o Judiciário."

2.2. *Poder Judiciário, a independência e a função jurisdicional*

O sistema constitucional pátrio, desde a Carta Imperial, adotou a '*separação dos poderes*' nos arts. 151 a 164, emprestando à atividade jurisdicional a qualidade de Poder do Estado. Verifica-se, então, que não foi diferente nas Constituições Republicanas que se lhe seguiram.

Ninguém desconhece a importância dos demais Poderes da República; não se quer com isto proclamar a supremacia do Judiciário sobre os demais; porém, como ressalta *Manoel Gonçalves Ferreira Filho*[10]:

"[...] a independência do Judiciário é uma necessidade da liberdade individual. Que existam, no Estado, órgãos independentes que possam aplicar a lei, inclusive contra o governo e contra a Administração, é condição indispensável para a liberdade e a proteção dos direitos humanos. E arremata o insigne autor: Cientificamente falando, não existe função jurisdicional diversa da administrativa. Politicamente falando, para a salvaguarda da liberdade individual,

(8) *Curso* ... p. 113.

(9) *Breves comentários à Constituição Federal*. V. I, Rio de Janeiro: Forense, 2002. p. 50.

(10) *Op. cit.*, p. 213-214.

a aplicação da lei em casos concretos deve ser sempre confiada em última análise a órgãos independentes e imparciais, não subordinados ao governo, mas somente ao direito impessoal."

O Poder Judiciário tem por função compor conflitos de interesses, pela aplicação do preceito abstrato da norma de direito ao caso concreto, por meio do processo. Por evidente, o Executivo tem igualmente atribuição de aplicação do direito ao caso concreto, com uma grande distinção, conforme ressalta *Gonçalves Ferreira Filho*; porém, *O único ponto por que uma pode ser distinguida da outra é o modo de execução da lei a que obedece o Judiciário. De fato, este aplica a lei 'contenciosamente', isto é, com a possibilidade rigorosamente garantida de debate entre as partes interessadas no litígio.* Enquanto o Executivo aplica-a não contenciosamente.

Com efeito, os órgãos do Poder Judiciário (juízes e tribunais) devem decidir com aplicação do Direito objetivo, não podendo estabelecer critérios particulares, privados ou próprios para resolver conflitos, por intermédio do processo, atuando com imparcialidade e preservando o direito das partes no exercício do contraditório e da ampla defesa. Cumpre-lhe, portanto, dar efetividade às normas de direito instituídas pelo Poder Legislativo, todas as vezes que alguém (pessoa física ou jurídica — pública ou privada) tiver uma conduta em desacordo com aqueles preceitos abstratos, ou que não se adaptarem àqueles comandos normativos.

É uma atividade substitutiva à da atuação das partes envolvidas no litígio, para imparcialmente, confirmando a existência da vontade do direito, dando a este eficiência prática, buscar a atuação da vontade do direito objetivo ao caso concreto, seja declarando o direito ou realizando no mundo dos fatos o que a norma preconiza.

São, portanto, suas características essenciais: *a inércia, a substitutividade e o escopo de atuação do direito objetivo, a definitividade* dos seus provimentos.

2.3. *Jurisdição dúplice e jurisdição una*

A atividade estatal de controle jurisdicional, cujas características foram acima apontadas, é exercida, via de regra, pelo Poder Judiciário.

Há sistema jurídico, porém, como o francês, o espanhol, o italiano, entre outros, que se assenta no entendimento de que se deve evitar, em caráter absoluto, a ingerência de um poder na esfera peculiar do outro. Nestes sistemas, não se admite que o Judiciário aprecie controvérsia que tenha origem, ou que nasceu no seio do Poder Executivo. Assim, não se admite que o Judiciário solucione litígio em que a administração seja interessada. Nestes países, ao lado da jurisdição comum com competência para composição dos litígios originados de atos privados em geral, cria-se a jurisdição administrativa ou *Contencioso Administrativo*, com competência para os litígios originados de atos da administração pública. Logo mais se verá que esta é também uma das características da estrutura estatal na Europa continental, em contraposição com o sistema anglo-americano de jurisdição una.

É o sistema de jurisdição dúplice que apresenta aspectos que mereceu destaque por *Hely Lopes Meirelles*(11) quando assinala que, em França, a Lei n. 16, de 24.8.1790 dispôs que *"As funções judiciárias são distintas e permanecerão separadas das funções administrativas. Não poderão os juízes, sob pena de prevaricação, perturbar, de qualquer maneira, as atividades dos* corpus *administrativos"*. E mais, *"A Constituição de 3.8.1791 consignou que os tribunais não podem invadir as funções administrativas ou mandar citar, para perante eles comparecerem, os administradores, por atos funcionais"*.

Assim, em França criou-se o *Contencioso Administrativo*, que se define como o conjunto de litígios que podem resultar da atividade da administração.

Ressalta *Hely Lopes Meirelles*(12):

> "O contencioso administrativo, pois, mais amplo que a jurisdição administrativa, porque, se a maior parte dos litígios suscitados pela atividade da administração pública são levados diante da jurisdição administrativa, apenas alguns litígios são levados diante da jurisdição judiciária. Entende-se por jurisdição administrativa o conjunto de tribunais grupados sob a autoridade do Conselho de Estado. A Jurisdição Administrativa se distingue, assim, da jurisdição judiciária, isto é, dos tribunais grupados sob a autoridade da Corte de Cassação ."

No sistema jurídico anglo-americano, ao qual se perfilha o nosso, entretanto, toda a atividade jurisdicional se concentra nos órgãos do Poder Judiciário. Assim, a solução de toda e qualquer espécie de litígio, ainda que decorrente de atos da administração pública, fica a cargo do Poder Judiciário.

É o modelo de jurisdição una também conhecido por sistema inglês e, modernamente, denominado de sistema de controle judicial que se define como aquele em que todos os litígios — de natureza administrativa ou de interesses exclusivamente privados — são resolvidos judicialmente pela Justiça Comum, ou seja, pelos juízes e tribunais do Poder Judiciário. Tal sistema é originário da Inglaterra, de onde se transplantou para os Estados Unidos da América do Norte, Bélgica, Romênia, México, Brasil e outros países. Assim, a inafastabilidade do controle jurisdicional ou da proteção judiciária, no nosso sistema jurídico, abrange não apenas litígios que envolvam interesses exclusivamente privados, mas igualmente aqueles decorrentes de atos praticados pela administração pública.

2.4. Monopólio da jurisdição

No regime constitucional e infraconstitucional brasileiros, o Estado veda, via de regra, o exercício da autotutela, capitulando-a, salvo exceções legais, como *exercício arbitrário das próprias razões* no art. 345 do Código Penal. A par disto, instituiu o monopólio estatal da Jurisdição, adotando o sistema de jurisdição una, ao

(11) *Direito administrativo brasileiro*. p. 47.

(12) *Op. cit.*, p. 47.

preconizar no art. 5º, XXXV da CF/88 que *a lei não excluirá da apreciação do Poder Judiciário lesão ou ameaça a direito*. Em contrapartida, viu-se no dever de instituir a proteção judiciária às pessoas (físicas ou jurídicas, públicas ou privadas), elevando esta proteção ao *status* constitucional, para que não paire qualquer dúvida, quanto à finalidade estatal de garantia de exercício dos direitos subjetivos individuais ou coletivos.

O *princípio da proteção judiciária* também chamado de *princípio da inafastabilidade do controle jurisdicional* fundamenta-se na separação dos poderes, reconhecida como *garantia das garantias constitucionais*[13], em que o Poder Legislativo tem a função precípua de legislar, o Poder Executivo de aplicar a lei não contenciosamente e o Poder Judiciário de aplicá-la contenciosamente.

Por adotar o sistema jurídico brasileiro a jurisdição una, atribuiu-se competência ao Poder Judiciário no controle externo de constitucionalidade e legalidade da atividade dos demais Poderes da República, sem que com isto venha causar intromissão indevida ou invasão de um poder na esfera do outro, porque se limita a um controle de constitucionalidade e legalidade. Embora modernamente haja um esforço para buscar a ampliação deste poder de controle, para alcançar a valoração da legitimidade e eficiência da atuação da administração pública, em face do interesse público, o controle jurisdicional sobre o mérito dos atos administrativos discricionários, não é tão amplo, a ponto de permitir ao juiz substituir o Administrador Público, na escolha dentre as alternativas legais, para melhor atender ao interesse público. Aqui, o juízo de conveniência e oportunidade, é sem dúvida do administrador. A possibilidade de um controle judicial sobre o mérito do ato administrativo será melhor desenvolvido logo mais na segunda parte deste trabalho.

Nos primórdios, a jurisdição não dependia do Estado, pois havia "jurisdição" dos senhores feudais sobre o território do feudo; "jurisdição dos barões"; os donatários das "Capitanias Hereditárias" tinham no Brasil poderes jurisdicionais civis e criminais dentro das respectivas capitanias. No período monárquico teve-se a jurisdição eclesiástica relativamente a direito de família.

A gênese da jurisdição estatal, como não poderia deixar de ser, encontra-se na fase moderna do Império Romano, o período conhecido como da *congnitio extra ordinem* que assim se caracterizou porque o pretor, contrariando a ordem preestabelecida, em vez de remeter a solução da lide a um árbitro privado, passava a conhecer dos litígios e proferir decisões, ou solucioná-los. Na atividade dessa figura, o *pretor*, está a gênese do juiz estatal. Foi longo o período histórico, porém, a ser percorrido até que o Estado se consolidasse como forma aprimorada e evoluída de organização da sociedade e o juiz tivesse independência, poderes e garantia para desempenhar o seu mister.

Assim, no Estado Democrático de Direito, em que ficou nítida a separação entre Igreja e Estado, a jurisdição tornou-se monopólio do Estado. Na clássica separação dos poderes estatais, atribuiu-se aos órgãos do Poder Judiciário, desde que previamente instituídos e dotados de competência, a exclusividade para esta finalidade: o exercício da jurisdição.

(13) SILVA, José Afonso da. *Op. cit.*, p. 54.

Dentre os vários instrumentos para assegurar o desempenho desta sublime função, de modo que expresse os interesses da sociedade como um todo, destaca-se que os órgãos judicantes foram dotados de garantias constitucionais de separação dos poderes e independência de atuação (Constituição, art. 2º); o juiz natural (Constituição, art. 5º, incisos XXXVII e LII), aliadas a outras garantias para assegurar a imparcialidade do juiz, desde o procedimento de investidura dos seus membros nos respectivos cargos judiciais (Constituição, art. 93, incisos I e II); garantia no desempenho de suas funções (Constituição, art. 95); a tutela do direito de ação e defesa (Constituição, art. 5º, XXXV); o devido processo legal (art. 5º, LV). Somam-se a estas as garantias de efetividade da atividade jurisdicional, como veremos logo mais.

É voz corrente na doutrina que a Constituição vigente expressa a garantia constitucional da *Inafastabilidade do Controle Jurisdicional* no art. 5º, inciso XXXV que declara: *A lei não excluirá da apreciação do Poder Judiciário lesão ou ameaça a direito.*

Encontra-se, pela primeira vez, texto semelhante a este no § 4º, do art. 141 da Constituição Federal de 1946: *A lei não poderá excluir da apreciação do Poder Judiciário qualquer lesão de direito individual.* Na Constituição de 1967, Emenda n. 1/69, no seu § 4º do art. 153, a 1ª frase é a de que *A lei não poderá excluir da apreciação do Poder Judiciário qualquer lesão de direito individual,* repetindo literalmente o que dispunha a Constituição de 1946.

Nas Constituições de 1824, 1891, 1934 e de 1937, não se encontram frases semelhantes, embora em todas se tenha adotado a separação e a independência dos poderes estatais; a proibição de juízos de exceção e a garantia de juiz natural; o direito à jurisdição ou de acesso aos serviços jurisdicionais; e, em termos gerais, não ser alguém preso nem privado de bens e direitos, sem processo em que lhe fosse assegurada o exercício de defesa perante os órgãos judiciais.

Reservou-se, assim, ao Poder Judiciário a tarefa de prestar a jurisdição, assegurando-se, por outro lado, o direito subjetivo público de qualquer pessoa, sem distinção de origem social, raça, cor, sexo, condição econômica, nacionalidade, de invocar a prestação jurisdicional sem sofrer *lesão ou ameaça a direito* individual ou coletivo.

É conclusiva a afirmação do insigne *José Afonso da Silva*(14):

> "Os conflitos de interesses são compostos, solucionados, pelos órgãos do Poder Judiciário com fundamento em ordens gerais e abstratas, que são ordens legais, constantes ora de corpos escritos que são as leis, ora de costumes, ou de simples normas gerais, que devem ser aplicadas por eles, pois está praticamente abandonado o sistema de composição de lides com base em ordem singular erigida especialmente para solucionar determinado conflito."

E logo adiante acentua que *A jurisdição hoje é monopólio do Poder Judiciário do Estado (art. 5º, XXXV).*

(14) *Op. cit.*, p. 523.

III. *OS PRINCÍPIOS INERENTES À ATIVIDADE JURISDICIONAL*

A atividade jurisdicional do Estado é informada por princípios fundamentais que são universalmente reconhecidos, os quais ora são explícitos, ora implícitos no ordenamento jurídico.

Estes princípios são destacados por *Ada, Araújo Cintra* e *Dinamarco*[1] como: *a) investidura; b) aderência ao território; e) indelegabilidade; f) inevitabilidade; g) inafastabilidade; h) juiz natural; g) inércia.*

3.1. Princípio da investidura

A jurisdição contenciosa ou voluntária será exercida por pessoa física investida no cargo público que a Constituição outorga poderes jurisdicionais, dentro dos órgãos jurisdicionais. As formas de investidura podem ser: por nomeação depois de aprovação em concurso, por nomeação por ato do chefe do Executivo, depois de aquiescência do Legislativo, e simples nomeação por promoção.

3.2. Princípio da aderência ao território

A autoridade do magistrado brasileiro restringe-se pelo território nacional. Na nossa organização judiciária estadual, os juízes exercem suas atividades nos limites de uma circunscrição territorial, a comarca, que pode restringir a um ou mais municípios. A noção de comarca é pertinente à justiça comum (dos Estados).

3.3. Princípio da indelegabilidade

Este princípio preconiza a impossibilidade de um poder delegar poderes a outro, salvo as exceções constitucionais que não incluem delegação de atos do juiz. No âmbito do próprio Poder Judiciário, é inconcebível que o juiz delegue atribuições que lhe sejam inerentes. Os poderes inerentes ao cargo que lhe foram concebidos pelo Estado são intransferíveis; portanto, indelegáveis.

---

(1) *Teoria geral do processo.* São Paulo: Malheiros, 2000. p. 237.

As cartas *(precatórias e rogatórias)* são pedidos de colaboração, não se constituindo em delegação. A *carta de ordem* é expedida por órgão judicial superior, para determinar a prática de atos processuais, por órgão hierarquicamente inferior. Não constitui igualmente delegação.

3.4. *Princípio da inevitabilidade*

A atividade jurisdicional é imposta aos súditos do Estado, porque se resume a impor o respeito à ordem jurídica. Ela se impõe por si mesma, independente do concurso de outro órgão estatal, ou da vontade das partes ou de eventual pacto destas para se submeterem à decisão.

As decisões judiciais submetem imperativamente aos seus comandos todas as pessoas que forem por elas alcançadas. As pessoas envolvidas no litígio que o juiz resolveu são subjugadas pela decisão e a conclusão desta pode ser auto-executável, coativamente. Daí, afirmar-se que o juiz resolve *imperativamente os conflitos*.

3.5. *Princípio da inércia*

Os órgãos jurisdicionais, por natureza, são inertes, isto é, só atuam mediante pedido ou provocação do interessado. É o princípio consagrado desde os romanos *nemo judex sine actore, tae procedat judex ex officio*. A atuação espontânea da jurisdição seria inconveniente, pois, passaria a fomentar a litigiosidade, a discórdia e desavenças, quando a função é pacificação, além de comprometer a sua imparcialidade. O Estado moderno não se compraz com o processo inquisitivo, mas o processo de ação. Assim, o titular da pretensão (penal, cível, comercial, trabalhista, tributária, administrativa, etc.) é quem deve pedir ao órgão judicial a providência jurisdicional (de cognição ou de execução), rompendo a sua natural inércia, em relação àquele caso concreto. No processo penal, cumpre ao Ministério Público ou ao particular ofendido, conforme o caso, ter a iniciativa de provocar o Estado-Juiz, preservando, assim, a inércia do órgão judicial.

Não obstante, sejam sempre apontados, pela doutrina, como princípios processuais, cumpre destacar igualmente, em face da ótica deste trabalho, como inerentes à atividade jurisdicional alguns princípios processuais: *do devido processo legal, da igualdade das partes, do contraditório e da ampla defesa, do duplo grau de jurisdição e da motivação das decisões judiciais*.

Sobre tais princípios não há pretensão de esgotar os argumentos que gravitam em torno de cada um deles, mesmo porque comportaria ser objeto de uma dissertação específica.

3.6. *Princípio do devido processo legal*

É voz corrente na doutrina que a cláusula do *due processo of law* tornou-se emblemática pela Carta Magna de João Sem Terra, na Inglaterra, em 1215. A sua causa foi a insurreição dos nobres não aceitando que o rei pudesse continuar com o poder de retirar as terras concedidas a eles. Foi um freio num regime absolutista. O art. 39 da Carta Magna *Carta Libertarum*, conforme *Gerson Lacerda Pastore*(2) na sua versão mais difundida é do seguinte teor:

> "Nenhum homem livre será preso ou privado de sua propriedade, de sua liberdade ou de seus hábitos, declarado fora da lei, ou exilado, ou de qualquer modo destruído, nem o castigarmos nem mandaremos força contra ele, senão mediante um julgamento legal feito pelos seus pares ou de harmonia com a lei do país."

Foi o Estatuto de Eduardo III, em 1354, que reformulou a Magna Carta, que dispôs, em seu art. 29:

> "Ninguém deve ser condenado sem julgamento. Também nenhum homem daquele estado ou condição deve ser expulso da terra do Tenement, ou aprisionado ou condenado à morte, sem lhe ser dado o direito de resposta através do devido processo legal."

Este princípio adquiriu eficácia com a libertação da antiga colônia inglesa da América, que segundo *Júlio César Berber*(3) (1997, p. 166) teve três fazes evolutivas: a) a primeira, a partir de agosto de 1776, com sua inclusão na Declaração dos Direitos da Virgínia, depois em Delaware, Maryland, Carolina do Norte, etc., culminando com a Emendas Constitucionais Americanas V e XIV, onde foi incluída como garantia de direito fundamental de todos os cidadãos; b) a segunda, relacionam-se aos casos *Murray* e *Hurtato*, a partir de quando se constatou, de forma explícita, que toda lei deve ser elaborada em consonância com a cláusula do *devido processo legal*, sem que se possa violar qualquer direito fundamental, previsto na Constituição; c) a terceira, diz respeito à concretização da cláusula do *due process of law*, a partir de um 'modelo de obediência aos princípios de justiça, uma norma que varia de acordo com a evolução da sociedade e que será oferecida a todos indistintamente.

A cláusula do *devido processo legal* foi contemplada no art. 10 da Declaração Universal dos Direitos do Homem, em 1948, como direito fundamental do cidadão.

Ada, Araújo Cintra e *Dinamarco*(4) definem como *o conjunto de garantias constitucionais que, de um lado, asseguram às partes o exercício de suas faculdades e poderes processuais, e por outro, são indispensáveis ao correto exercício da jurisdição, pelo Estado.*

É o direito ao procedimento adequado e previamente instituído, no qual se deva respeitar a igualdade das partes; o juiz natural; o contraditório e a ampla defesa; da publicidade das audiências; do dever de motivar as decisões; da legitimidade da

(2) PISTORI, Gerson L. *Os princípios do processo: princípios orientadores.* 1. ed. São Paulo: LTr. p. 80-90.

(3) *Princípios de processo do trabalho.* São Paulo: LTr, 1997. p. 166.

(4) *Op. cit.*, p. 82.

prova e tantos outros princípios já vistos. O procedimento e rito adequados e previamente instituídos são aqueles preconizados na ordem jurídica ordinária e legítima.

Nelson Nery Júnior[5] apresenta um sentido genérico do *princípio do due process of law* caracterizado pelo trinômio: *vida-liberdade-propriedade,* vale dizer, tem-se o direito de tutela àqueles bens da vida em seu sentido mais amplo e genérico.

De sorte que, tudo que disser respeito à proteção da vida, da liberdade e da propriedade, estará sob a proteção do devido processo legal. A história do direito constitucional norte-americano tem inúmeros exemplos de decisões da Suprema Corte dos EEUU, a enfática tutela a bens da vida. São exemplos tradicionalmente citados: o caso Meyer x Nebrasca (1923); Pierce v. Societe of Sistes (1925), sobre liberdade de ensino de língua, religião; liberdade dos pais matricularem filhos em determinadas escolas e desta de receberem alunos desta ou daquela comunidade. Procura-se enfatizar, então, que seria insuficiente a garantia de um processo com amplas garantias para as partes, sem que fosse acompanhado das garantias de um direito material, expressão da paz social.

A expressão *substantive due process* e *procedure due process* indicam atuação do princípio do *due process of law* em dúplice função, quais sejam, primeiro no âmbito do direito material e segundo referente ao direito processual.

Não sem razão leciona *Antonio Scarance Fernandes*[6] que *A visão individualista das garantias do devido processo legal, que teve seu período de fausto na primeira metade do século e parte da segunda, vem perdendo força ante a preponderância de uma ótica publicista.*

Ressalta *Nelson Nery Jr.*[7], que na sua origem, no sistema jurídico inglês de 1215 (João Sem Terra), o *due proces of law* salientava a tutela exclusivamente processualista. A doutrina e a jurisprudência encarregaram-se, de fazer evoluir o seu conceito, para alcançar todos os campos do direito. Assim, o direito administrativo, se revela no princípio da legalidade que limita a vontade do administrador público; no direito privado, com autonomia da vontade dos contratantes que garantem a ampla liberdade de contratar; no Legislativo, o princípio da razoabilidade impede a criação de leis absurdas que, ainda que formalmente promulgadas, não ganham eficácia porque são leis inconstitucionais, embora formalmente votadas, que não podem produzir efeitos, etc.

No âmbito do direito processual, não pode ser desprezada a lição do Ministro do STF *José Celso de Mello Filho*[8] que resume suas características:

> "a) direito à citação e ao conhecimento do teor da acusação; b) direito a um rápido e público julgamento; c) direito ao arrolamento de testemunhas e à notificação das mesmas para comparecimento perante os tribunais; d) direito

---

(5) *Princípios do processo civil na Constituição Federal*. 6. ed. São Paulo: RT, 2000. p. 34.

(6) *Processo penal constitucional*. 2. ed. São Paulo: RT, 2000. p. 44.

(7) *Op. cit.*, p. 36.

(8) *Tutela judicial da liberdade*. RT 526 (1979). p. 298-299.

ao procedimento contraditório; e) direito de não ser processado, julgado ou condenado com base em provas ilegalmente obtidas; i) direito à assistência judiciária, inclusive gratuita; j) privilégio contra a auto-incriminação. Tais características prendem-se, por óbvio, ao processo penal."

No processo não penal, ou civil *lato sensu*, a doutrina aponta as suas características, como sendo a garantia do direito de ação, da igualdade das partes, respeito ao direito de contraditório e ampla defesa, à publicidade dos atos processuais e das audiências, a fundamentação das decisões judiciais, vedação da prova ilícita etc.

Neste sentido, o art. 5º, inciso LIV da Constituição preconiza que *ninguém será privado da liberdade ou de seus bens sem o devido processo legal.*

Por seu alto significado, merece destaque a última Convenção Internacional sobre o *due process of law* que foi a *Convenção Americana sobre Direitos Humanos de San José da Costa Rica de 12.11.69.*

3.7. *Princípio da igualdade das partes*

As partes e os procuradores devem merecer tratamento igualitário, perante o juízo, para que tenham as mesmas oportunidades de fazer valer as suas razões. São preconizados no *caput* do art. 5º da CF/88 e do inciso I do art. 125 do CPC.

O princípio da isonomia contém o conceito realista de igualdade, devendo esta ser proporcional, impondo tratamento desigual aos desiguais, ou seja, tratamento igual aos substancialmente iguais.

Aliás, o inciso I do art. 125 do CPC, é expresso ao afirmar que o juiz deve assegurar às partes igualdade de tratamento. Se privilégio tiver que ser reconhecido a uma das partes, dependerá sempre de imposição legal e não poderá exceder os limites da lei.

A Convenção Americana sobre Direitos Humanos (Pacto de São José da Costa Rica) que integra o nosso ordenamento jurídico propaga:

> "Toda pessoa tem direito a ser ouvida, com as devidas garantias e dentro de um prazo razoável, por um juiz ou tribunal competente, independente e imparcial, estabelecido anteriormente por lei, na apuração de qualquer acusação penal formulada contra ela, ou para que se determine seus direitos e obrigações de natureza civil, trabalhista, fiscal ou de qualquer outra natureza."

Como se viu acima, o princípio da igualdade é inerente ao princípio do juiz natural.

A legislação processual cria prerrogativas e privilégios da Fazenda Pública e do Ministério Público, instituídos no interesse público — arts. 27, 188, 511, 475 e 816 do Código de Processo Civil, bem como a Lei Complementar n. 75 que se diria em exceção a tal princípio.

Estas exceções, contudo, sofrem acirrada crítica doutrinária e até jurisprudencial, pois parte da doutrina considera-as inconstitucionais, mormente aquelas do arts. 20, § 4º, 188 e 475, inciso II do CPC, porque ferem o *caput* do art. 5º da CF/88. Porém, a jurisprudência do Supremo Tribunal Federal firmou-se no sentido de que tais preceitos legais foram recepcionados pela Constituição. O fundamento de tais privilégios é a natural dificuldade da Fazenda Pública organizar-se para se defender em juízo, a supremacia do interesse da administração pública sobre o qual se controverte no litígio.

Finalmente, a Lei n. 10.352, de 26.12.01, veio limitar estes privilégios da Fazenda Pública no processo civil, acrescentando um § 2º ao art. 475 do Código de Processo Civil, de que "Não se aplica o disposto neste artigo sempre que a condenação, ou o direito controvertido, for de valor certo não excedente a 60 (sessenta) salários mínimos, bem como no caso de procedência dos embargos do devedor na execução de dívida ativa do mesmo valor". Acrescentou, ainda, o § 3º ao referido artigo dispondo que "Também não se aplica o disposto neste artigo quando a sentença estiver fundada em jurisprudência do plenário do Supremo Tribunal Federal ou em súmula deste Tribunal ou do tribunal superior competente".

3.8. Princípio do juiz natural e os tribunais de exceção

O *juiz natural* é aquele instituído pelo ordenamento constitucional, consagrando a norma de que só é juiz o órgão investido, de forma legítima, de jurisdição, rejeitando-se a possibilidade de o legislador julgar[9], ou de se impor sanção sem prévio processo. É o órgão judicial instituído anteriormente ao caso concreto a ser julgado, ao qual todo o cidadão se submete em igualdade de condições — isonomia — e cuja criação foi instituída dentro da normalidade constitucional — legalidade. Apresenta-se, portanto, com duplo significado: *igualdade* e *legalidade*.

Os tribunais de exceção são instituídos para julgar casos específicos e são criados depois da ocorrência do fato que vai julgar, *contrapõe-se o juiz natural, pré-constituído na Constituição e por lei.* O princípio do *juiz natural* absolutamente incompatível com a criação de tribunais de exceção, ou com a possibilidade de criação de tribunais extraordinários após a ocorrência do fato que irá julgar, devendo prevalecer a glorificação constitucional de que só é juiz o órgão investido de jurisdição.

No Estado Democrático de Direito, só é admissível e legítimo o julgamento por intermédio do juiz natural. Os tribunais de exceção se constituem na negação do Estado de Direito.

A primeira referência legal à expressão *juiz natural* é do art. 17 do título II da Lei Francesa de 24.8.1790 e que acabou por ser introduzida na Constituição Francesa de 1791. A Magna Carta Inglesa de 1215, preconizava sanções a condes, barões

(9) ADA, Araújo Cintra e Dinamarco. *Teoria* ... p. 52.

e homens livres, *"após legítimo julgamento de seus pares e pela lei da terra"* e logo mais se encontra esta frase lapidar: *"nenhuma multa será lançada senão pelo juramento de homens honestos da vizinhança."*

A Declaração Universal dos Direitos Humanos de 10.12.48, proclamada pela Assembléia da ONU e ratificada pelo Brasil preconiza:

> "Toda pessoa tem direito, em condições de plena igualdade, de ser ouvida publicamente e com equidade e justiça por um tribunal independente e imparcial, para a determinação de seus direitos e obrigações, ou para o exame de qualquer acusação contra ela dirigida, em matéria penal."

Além desta convenção internacional, as nações invariavelmente celebram pacto de garantias da pessoa humana a um juiz imparcial e independente, como *Pacto Internacional de Direitos Civis e Políticos de 16.12.66:*

> "Todas as pessoas são iguais perante os tribunais. Toda pessoa terá direito de ser ouvida publicamente e com as devidas garantias por um tribunal competente, independente e imparcial, instituído por lei, no tocante a qualquer acusação de caráter penal contra ela formulada ou para a determinação de seus direitos e obrigações de caráter civil."

Destaque especial merecem os termos da *Convenção Americana sobre Direitos Humanos de San José da Costa Rica de 12.11.69:*

> "Nenhum homem livre será preso ou privado de sua propriedade, de sua liberdade ou de seus hábitos, declarado fora da lei ou exilado ou de qualquer forma destruído, nem o castigaremos nem mandaremos forças contra ele, salvo julgamento legal feito por seus pares ou pela lei do país."

A noção de garantia do Juiz Natural vem se ampliando, não se restringindo mais à contraposição ao *juízo de exceção*. Tal princípio vincula a garantia a uma ordem taxativa e constitucional de competência, desdobrando-se em três conceitos, como ressaltam *Ada, Araújo Cinta* e *Dinamarco*[(10)], assim resumidas:

> "a) só são órgãos jurisdicionais os instituídos na Constituição; b) ninguém pode ser julgado por órgão constituído após a ocorrência do fato; c) entre os Juízes pré-constituídos vigora uma ordem taxativa de competência que exclui qualquer alternativa deferida à discricionariedade de quem quer que seja. A Constituição brasileira de 1988 reintroduziu a garantia do juiz competente, no art. 5º, inciso LIII."

No plano do direito internacional público, a idéia do juiz natural repudia a criação de tribunais específicos para julgar crimes que decorram de eventos espe-

(10) *Op. cit.*

ciais, como de guerra, genocídios etc. As Nações Unidas previamente instituíram, por meio de pactos, tratados e convenções internacionais, o tribunal penal internacional; portanto, o juiz natural internacional para julgar crimes desta ordem.

3.9. *Princípio do contraditório e da ampla defesa*

É a igualmente garantia fundamental de justiça, tanto que o princípio foi erigido a *status* constitucional (art. 5º, LV, CF/88)[(11)].

A bilateralidade da audiência, *audiatur et altera pars*, decorre da bilateralidade da ação e gera a bilateralidade do processo. O processo é constituído de pelo menos duas partes — autor e réu. Ante a manifestação de uma delas, o juiz deve ouvir a outra, a parte contrária. É um princípio que contém diretriz fundamental de justiça.

O juiz, porque deve agir com imparcialidade, deve se manter entre as partes; mas, eqüidistante das mesmas. Deve ouvi-las em tudo que seja pertinente e no interesse da solução do litígio. Ouvindo uma, não pode deixar de ouvir a outra. Se uma das partes apresenta seus arrazoados ou junta documento aos autos, impõe-se que se dê oportunidade para que se manifeste a parte contrária. Só assim estará assegurando a cada uma delas a possibilidade de expor suas razões, de produzir as provas do que alega, para influir no convencimento do juiz da causa.

As partes desenvolvem, então, um papel de antagonistas. Ao que disse o autor, sustentando sua *tese*, o réu tem o direito de se contrapor, para apresentar a sua *antítese*, a fim de que o juiz imparcialmente ofereça a sua *síntese*. É a dialética do processo.

Os códigos de processo disciplinam a forma de *comunicação dos atos processuais*, como a *citação*, a *intimação* e a *notificação*. É por meio deles que o juízo informa ao litigante os fatos e ocorrências do processo, para possibilitar-lhe a reação.

O princípio é imposto e obriga o juiz, sendo faculdade para a parte.

Com vistas à garantia do contraditório, no processo civil, se o réu não comparecer para se defender, quando for citado por edital ou por citação com hora certa, será defendido pelo Ministério Público (art. 9º, CPC); se incapaz será assistido (art. 82, I, CPC). No processo criminal, ao réu revel o juiz dará defensor (arts. 261 e 263, CPP); se o réu for mal defendido, será considerado indefeso e o processo anulado. A Lei n. 9.271/96 não admite prosseguimento do processo contra o acusado, citado por edital que não comparece acompanhado de advogado. Neste caso, o processo criminal é suspenso.

O princípio do contraditório e da ampla defesa se constitui de dois elementos indissociáveis:

a) a informação; b) *reação (esta será mera possibilidade, em se tratando de direitos disponíveis)*[(12)]. O juiz tem o dever de informar às partes as ocorrências do pro-

---

(11) Art. 5º, LV — aos litigantes, em processo judicial ou administrativo, e aos acusados em geral são assegurados o contraditório e ampla defesa, com os meios e recursos a ela inerentes.

(12) ADA, Araújo Cintra e Dinamarco. *Op. cit.*, p. 57.

cesso; estas reagirão, de acordo com a sua conveniência. O que é imprescindível e impostergável é que o juiz cumpra o seu dever de informar: ao réu a existência da ação; às partes sobre todos os atos e fatos ocorridos, garantindo sempre a possibilidade de reagir à parte atingida pelo ato.

O Juiz prescindirá da oitiva da parte contrária, deferindo provimento judicial provisório *inaudita altera pars*, somente quando o lei autorizar e se houver fundado receio de que uma parte, antes do julgamento da lide, cause ao direito da outra lesão grave ou de difícil reparação (*liminares em tutela antecipada* — art. 273 do CPC, — e nas *liminares cautelares* — art. 804 do CPC). É uma exceção a este princípio, albergada expressamente por lei.

No inquérito policial, mero procedimento administrativo de colheita de informações sobre fato delituoso e da sua autoria, depois do indiciamento, entende que deve ser respeitado o contraditório, por força do art. 5º, LV da Constituição Federal de 1988.

Os processos administrativos tributários e processos de apuração de responsabilidade de servidor público, no âmbito da administração, por este preceito constitucional é indispensável a observância do contraditório e ampla defesa, nos mesmos moldes que o processo judicial, sob pena de nulidade.

3.10. Princípio da motivação das decisões judiciais e administrativas

A necessidade de motivação das decisões judiciais e administrativas é conseqüência natural do Estado Democrático de Direito, podendo ser analisada sob múltiplos aspectos. Assim, vai desde a indispensabilidade à perfeita comunicação judicial, como exercício de lógica e atividade intelectual do juiz, da submissão deste ato do processo às exigências do art. 5º da CF/88, o qual traz a exigência de imparcialidade do juiz, a publicidade das decisões judiciais, a legalidade da decisão, passando pelo princípio constitucional da independência jurídica do magistrado, que pode decidir conforme a sua livre convicção, desde que fundamente as razões do seu convencimento. Some-se a isto, a necessidade de se fornecer àquele que foi atingido pela decisão as razões que levaram o juiz a acolher ou desacolher o pedido do autor e, portanto, permitir ao vencido atacar a decisão, em caso de comportar recurso.

Fundamentar significa, conforme *Nelson Nery Junior*(13):

> "[...] o magistrado dar as razões, de fato e de direito, que o convenceram a decidir a questão daquela maneira. A fundamentação tem implicação substancial e não meramente formal, donde é lícito concluir que o juiz deve analisar as questões postas a seu julgamento, exteriorizando a base fundamental de sua decisão."

---

(13) *Op. cit.*, p. 176.

Significa julgar indicando as razões de fato e de direito que influíram na decisão. Não se admite que estejam fundamentadas sentenças ou acórdãos, mediante os lacônicos jargões, como por exemplo: *desacolhe-se o pedido inicial por absoluta falta de amparo legal*, ou *nega-se provimento ao recurso por falta de amparo legal*, ou ainda, *desacolhe-se os embargos de declaração, porque a decisão embargada não apresenta contradição, obscuridade nem omissão, a teor dos incisos I e II do art. 535, do Código de Processo Civil.*

Michele Taruffo[14] vê na obrigação constitucional de motivar as decisões judiciais uma expressão do princípio da participação popular na administração da justiça, sustentando que:

> "Essa consiste no asseguramento do controle do modo pelo qual os órgãos jurisdicionais exercem o poder que lhes é atribuído, no âmbito de um princípio geral de controle que caracteriza a noção moderna de Estado de Direito. Todavia, é claro que nessa dimensão o controle que a motivação deve assegurar não é aquele 'burocrático' ou institucional exercido pelo juiz da instância superior *(d'impugnazione)*, mas é o controle democrático difuso que deve ser exercido pelo mesmo povo, em cujo nome a sentença vem pronunciada."

Não há dúvida que a atividade pública deve sempre submeter-se a um controle de opinião pública, porque os destinatários da atividade jurisdicional não são apenas as partes do processo, nem seus advogados, mas todas as pessoas da comunidade.

A exigência de fundamentação das decisões tem a função de impedir decisões arbitrárias. Com efeito, se não fundamenta em termos claros, ou deixando de demonstrar que foram levadas em conta as situações de fato e sua subsunção aos comandos legais e ao direito, deixa de garantir àqueles que foram afetados por uma decisão desfavorável conhecer os respectivos fundamentos, a fim de poder defender-se adequadamente.

As mini-reformas do Código de Processo Civil, a partir de 1995, vêm armando o juiz de amplas faculdades e mais largos poderes no processo civil, com a nítida preocupação de dar maior celeridade e efetividade ao processo, para ficarmos em dois exemplos: *Tutela Antecipada, no art. 273 e Tutela Específica no art. 461*. Porém, se o exercício destas faculdades e destes poderes, pelo juiz, não forem dele exigidas decisões razoavelmente fundamentada, poderão tornar-se arma poderosa para o arbítrio.

A ausência de fundamentação não deve ser confundida com fundamentação sucinta. É essencial, todavia, que na decisão sucinta se possa extrair as razões que fundamentam o ponto de vista do juiz, mesmo que colocado de forma resumida. A sentença sucinta é legítima, ao contrário daquela sem motivação que agride o devido processo legal e mostra a face da arbitrariedade, incompatível com judiciário democrático.

---

(14) *La fisionomia della sentenza in Itália*. Tradução do autor. 2. ed. p. 65 e 189.

O Código de Processo Civil no art. 459, segunda parte admite que "Nos casos de extinção do processo sem apreciação do mérito, o juiz decidirá de forma concisa". Equivale dizer, sucinta. No Superior Tribunal de Justiça, já se decidiu, por exemplo, que:

> "A lei exige que as decisões sejam fundamentadas, embora de modo conciso, comando legal que se não se compadece com o julgamento 'implícito' de qualquer questão aventada no curso da lide. Ao juiz é vedado afastar preliminares (condições da ação), no saneador, mediante simples referência — partes legítimas — sendo imprescindível fundamentar o decisório expendendo as razões que o justificam." (STJ, Primeira Turma, REsp n. 68.280/GO, relator: Demócrito Reinaldo, 23.3.96, DJ 3.6.96, p. 19.206)

O TRF da 1ª Região, também já teve oportunidade de manifestar-se sobre o tema:

> "A sentença que homologa cálculos de liquidação pode ser proferida de forma concisa. Mas há que conter o mínimo de fundamentação, quando houver impugnação no cálculo por qualquer das partes. Decisão sucintamente fundamentada não tem o mesmo sentido de decisão sem motivação." (TRF-1ª Região, Quarta Turma, relator: Gomes da Silva, AC n. 0124350-2/92-MG, 25.11.92, DJ 10.12.92, p. 41.742)

Vale ressaltar que a Emenda Constitucional n. 45/04, deu nova redação aos incisos IX e X do art. 93 da Constituição Federal, explicitando o comando constitucional da indispensabilidade absoluta de motivação, tanto das decisões judiciais, quanto administrativas dos tribunais.

3.11. Princípio do duplo grau de jurisdição

Legitima-se, por este princípio, um sistema recursal em que as causas julgadas em primeiro grau *(primeira instância) ou* instância inferior, sejam revistas ou sofram novo julgamento por órgãos de jurisdição superior ou segundo grau *(segunda instância)*, como ressalta a doutrina de *Ada, Araújo Cintra* e *Dinamarco*[15]:

> "'Jurisdição superior' e 'jurisdição inferior' indicam apenas a competência da primeira de julgar novamente as causas já decididas em primeiro grau: competência de derrogação pois, e não de mando. Isso quer dizer que a existência de órgãos superiores e de garantia do duplo grau de jurisdição não interfere nem reduz a independência dos juízes."

Discute-se na doutrina, se o princípio do duplo grau de jurisdição tem previsão constitucional.

A Constituição do Império de 1824, no art. 158, preconizava expressamente o duplo grau de jurisdição, como garantia absoluta. As constituições posteriores não

(15) *Op. cit.*, p. 74.

tiveram dispositivo expresso, limitando-se a estruturar os órgãos do poder judiciário em graus, conferindo competência recursal a alguns deles (art. 102, STF; art. 105, STJ), levando à interpretação de que o princípio está contemplado na Constituição. A par disso, o art. 5º, LV da Constituição depois disso, garantiu ao acusado em processo judicial ou administrativo o *contraditório e ampla defesa, com os meios e recursos ela inerentes.*

Tudo indica, então, que hoje a garantia constitucional é implícita e não absoluta, de sorte que a lei ordinária pode, sem ferir a Constituição limitar recursos e criar pressupostos de admissibilidade recursais, por critérios variados.

Além disso, não há garantia constitucional de recurso ao segundo grau, podendo o recurso dar-se para o mesmo grau jurisdicional. Exemplos são: Lei dos executivos fiscais (n. 6.830/80, art. 34); Lei n. 6.825/80 que não admite recurso para causas até certo valor; Lei n. 5.584/70 que limita recursos na Justiça do Trabalho; Juizado Especial Cível e Criminal (n. 9.099/95) que prevê recurso para órgão Colegiado no mesmo grau de jurisdição; ou o recurso ser apreciado por magistrado singular e não pelo colegiado — tribunal (art. 557 do CPC, com redação da Lei n. 9.956/98).

A garantia da *Convenção Internacional de Direitos Humanos (Pacto de San José da Costa Rica)* de 22.11.69 que no seu art. 8º fala das garantias judiciais que no item 2, letra *h* consagra o *direito de recorrer da sentença a juiz ou tribunal superior,* deve ter a sua aplicação restrita ao processo penal, não se aplicando ao processo civil, nem trabalhista, nem *o direito processual de forma genérica, como garantia constitucional absoluta*[16].

3.12. *Princípio da inafastabilidade do controle jurisdicional*

É o princípio que garante a toda pessoa física ou jurídica o acesso ao poder judiciário. Este não poderá deixar de atender quem venha bater às suas portas.

É o preceito do art. 5º, XXXV da CF/88, dizendo que não pode *a lei excluir da apreciação do Poder Judiciário ameaça ou lesão de direito*, e também no art. 126 do CPC que impede o juiz de escusar-se de julgar, alegando obscuridade ou lacuna na lei.

Este trabalho tem por finalidade enfrentar, sem pretensão de esgotar o tema, exatamente, o princípio da inafastabilidade do controle jurisdicional, o que será objeto do capítulo seguinte.

---

(16) NERY JR., Nelson. *Op. cit.*, p. 172.

IV. *PRINCÍPIO DA INAFASTABILIDADE DO CONTROLE JURISDICIONAL*

4.1. Conceito e considerações iniciais

O princípio da *"inafastabilidade do controle jurisdicional"*(1) propugna a Constituição não permitir que o legislador ordinário vá erigir qualquer obstáculo, instituir entrave, erguer barreira, criar impedimento ou dificuldade para a pessoa física ou jurídica, pública ou privada, obter um pronunciamento judicial sobre uma suposta lesão ou ameaça a direito individual ou coletivo. Assim, encontra-se sob o controle do Poder Judiciário todo e qualquer ato jurídico ou conduta humana capaz de ofender a ordem jurídica estabelecida, envolvendo pessoas físicas ou jurídicas, nacionais ou estrangeiras, capazes ou incapazes, sem distinção de sexo, idade, raça, condição social, estado civil, profissão religiosa, investido ou não em cargo público que tenham domicílio ou esteja de passagem pelo território brasileiro, exceto os casos de imunidade de jurisdição.

O controle jurisdicional é forma de expressão da soberania do poder de alterar, anular, convalidar, corrigir, invalidar, nulificar, negar ou reconhecer efeitos aos atos, fatos e negócios jurídicos em geral, de origem pública ou particular e, no caso de ilicitude, impor sanção de recomposição patrimonial ou moral ao ofendido, ou de privação de direitos e das liberdades.

É o preceito constitucional insculpido no inciso XXXV, art. 5º, *a lei não excluirá da apreciação do Poder Judiciário lesão ou ameaça a direito* que contempla, de modo expresso, o princípio da inafastabilidade do controle jurisdicional no direito brasileiro.

Os comandos e os preceitos emanados das normas constitucionais não podem ser restringidos, diminuídos, mitigados ou atrofiados por espécies normativas inferior à Constituição e, quando se destinam a oferecer garantias individuais fundamentais, são qualificados por *eficácia absoluta*(2), a teor do inciso IV, § 4º do art. 60 da Constituição Federal de 1988. A aplicabilidade imediata de tais normas é preconizada pelo art. 5º, § 1º da CF/88.

---

(1) A expressão que foi difundida por *Kazuo Watanabe*, ao que parece sem similar na doutrina estrangeira. In *Controle jurisdicional: princípio da inafastabilidade* ... São Paulo: RT, 1980.

(2) DINIZ, Maria Helena. *Norma constitucional e seus efeitos*. 2. ed. São Paulo: Saraiva. p. 98. *As normas constitucionais com 'eficácia absoluta' são as intangíveis; contra elas nem mesmo há poder de emendar.*

Neste sentido, pode-se afirmar que o art. 5º, XXXV da Constituição tem caráter de *eficácia absoluta.*

Angélica Arruda Alvim(3) depois de sustentar que, na Argentina, firmou-se entendimento na Suprema Corte de que se deve obter do sistema constitucional o máximo de rendimento, ou o rendimento autêntico e não constitucionalmente diminuído que em julgamento célebre foi expresso: *Las garantías individuales existen y protegem a los indivíduos por el solo hecho de estar consagradas en la Constitución e independentemiente de las leys reglamentarias, las quales sólo son requeridas para establecer en qué caso un con qué justificativos podrá procederse a su allanamiento y ocupación.* Refere-se, a autora, a um caso em que faltava a previsão de um instrumento processual por norma infraconstitucional, para viabilizar uma garantia constitucional e a Corte resolveu prestar a proteção requerida, *sentando de esta manera el princípio según el cual, la falta de tipo procesal al efecto, no és óbice para impedir la intervención jurisdicional.*

Em regra dirigida prioritariamente ao legislador infraconstitucional, mas com igual destino a todos os demais órgãos do Estado, bem assim a todos os indivíduos e pessoas que se encontrem com domicílio no território brasileiro, a norma do art. 5º, XXXV da Constituição Federal de 1988 é de absoluta clareza.

Aliando-se a norma acima com a dicção do art. 5º, II da Constituição (*ninguém será obrigado a fazer ou deixar de fazer alguma coisa senão em virtude de lei*), chega-se aos dois princípios constitucionais fundamentais: a) *inafastabilidade do controle jurisdicional pelo Poder Judiciário;* b) *plenitude lógica do ordenamento jurídico.* Isto porque, qualquer lesão ou ameaça a direito não será excluída de apreciação do Poder Judiciário, sendo que a atuação deste deverá pautar-se inteiramente dentro da mais estrita ordem jurídica.

Pelo princípio da *plenitude lógica do ordenamento jurídico,* inerente ao sistema romano-germânico, quer significar que todas as condutas lícitas ou ilícitas estão previstas, de forma exauriente, no ordenamento jurídico, só se admitindo caráter mui excepcional que o juiz recorra aos costumes, à analogia, aos princípios gerais de direito e, se a lei autorizar, à eqüidade, conforme o art. 5º da Lei de Introdução do Código Civil e o art. 127 do Código de Processo Civil. E mais, o ordenamento jurídico além de definir as condutas lícitas e ilícitas, preconiza a sanção para quem tiver condutas, por ele, reprováveis.

O exercício do poder jurisdicional é, portanto, de controle de legalidade, porque por meio dele o juiz procurará resolver os litígios à luz do direito posto, ou seja, a partir de condutas tidas como legítimas pelo Direito. Não se pode esquecer que este controle de legalidade não existe só para o indivíduo ou para o cidadão, mas para o próprio Estado, como já visto, pois é uma das características do Estado de Direito.

O art. 5º, inciso XXXV da Constituição tem alto significado político de pôr em relevo o controle jurisdicional, a par de garantir o direito de ação e defesa, em rela-

(3) Princípios constitucionais do processo. *Revista de Processo* n. 74, p. 20-39, 1994, Biblioteca do TRT/15ª Região — Campinas.

ção a todas as crises jurídicas capazes de gerar o desassossego social, o descontentamento das pessoas; portanto, um sentimento de infelicidade, quando frustrada a obtenção de um bem da vida. Por outro lado, não é uma mera garantia de a pessoa poder apresentar em juízo uma pretensão, mas de obter do juiz um pronunciamento acerca da lide por meio de um provimento conforme o Direito, pois, só assim pode obter a tutela jurisdicional efetiva.

O insigne *Cândido Rangel Dinamarco*[4] é categórico: *O princípio da inafastabilidade do controle jurisdicional manda que as pretensões sejam aceitas em juízo, sejam processadas e julgadas, que a tutela seja oferecida por ato do juiz àquele que tiver direito a ela — e sobretudo, que ela seja efetiva como resultado prático.*

Se as regras e as técnicas de processo são legítimas, não podem, porém, inviabilizar ou dificultar o acesso à justiça, nem à obtenção de um provimento de mérito acerca de um litígio; ao contrário, o processo é o instrumento que deve contemplar do modo mais amplo possível o exercício do direito de ação. Os requisitos técnicos como as condições da ação e os pressupostos de admissibilidade, um julgamento de mérito constituem na visão de *Dinamarco*[5] em *óbices legalmente postos à plena universalização da tutela jurisdicional.* Eles se distinguem do que o autor denomina de *óbices perversos* como a interpretação da lei apegada aos valores do passado, especialmente às certas realidades sociais, econômicas ou culturais estranhas à ordem processual como a pobreza, o temor reverencial, o baixo nível cultural etc., que se constituem em barreiras que dificultam o acesso à justiça.

4.2. Limites ao controle jurisdicional das atividades do Estado

O inciso XXXV, do art. 5º (*a lei não excluirá da apreciação do Poder Judiciário lesão ou ameaça a direito*) que contempla, de modo expresso, o princípio da inafastabilidade do controle jurisdicional no direito brasileiro, é aparentemente singelo; porém, de singelo nada tem, pois vem provocando meditação dos juristas brasileiros que dele procuram extrair os efeitos mais amplos possíveis e, à medida que se aprofunda nas suas cogitações, procuram imprimir-lhe a maior amplitude possível.

A começar por *Seabra Fagundes*[6] que afirmava que *se tornam intoleráveis as vias oblíquas, de que se queira valer o Congresso para subtrair certas controvérsias à análise e dirimição judicial.* E acrescentava: *Onde se possa identificar um expediente para impedir, ou adiar indefinidamente, a formulação de pretensão jurídica perante a Justiça, aí haverá, não apenas um atentado ao espírito do regime, senão a violação flagrante e frontal do art. 141, § 4º da Lei Suprema* (a referência à Constituição de 1946 que correspondente ao atual inciso XXXV, art. 5º). O dispositivo constitucional obriga o Estado a prestar a tutela jurisdicional a todo aquele que afirma ter sofrido uma lesão ou ameaça de direito individual ou coletivo. Assim, desde que a pessoa (física ou jurídica, privada ou pública) sustente ter sofrido lesão a direito

(4) *Instituição de direito processual civil.* São Paulo: Malheiros, 2001. p. 199.

(5) *Idem.*

(6) *O controle jurisdicional dos atos administrativos.* Rio de Janeiro: José Kofino, 1950. p. 173-109.

individual ou coletivo, o Judiciário não se pode furtar de prestar os serviços jurisdicionais, se provocado. Do preceito decorre, ainda, a exigência de que o Estado, para responder a todos aqueles que dele se socorrem, esteja devidamente aparelhado e instrumentalizado, por órgãos aptos a prestar este serviço estatal. Estes órgãos serão, então, previamente instituídos no seu ordenamento jurídico, em obediência ao preceito de garantia do juiz natural. Além disso, a atuação jurisdicional não prescinde de instrumento técnico e perfeitamente adequado para amplo e cabal conhecimento dos meandros do litígio, e para declarar o direito aplicável; ou, se instituída a obrigação em um título, realize no mundo dos fatos o que o preceito concreto estabelece.

Este instrumento é o processo.

Com efeito, não é suficiente a afirmação de que o direito de ação e de defesa esteja constitucionalmente tutelado, para garantir que o indivíduo tenha assegurados os meios de obter um provimento judicial sobre uma ameaça ou lesão de direito. É indispensável que se garanta concretamente não apenas o direito ao processo, como mecanismo de acesso aos órgãos judiciais, mas ao 'devido processo legal' em que lhe sejam assegurados contraditório e a ampla defesa. Além disso, a efetividade desta atividade estatal depende da facilitação do acesso a tais serviços por quem dele necessite, com um processo desburocratizado, célere e o que é mais importante, com o menor custo possível.

4.3. O direito de ação e de defesa

O direito de invocar a atividade jurisdicional assegurado pelo art. 5º, inciso XXXV não é restrito ao direito de agir, ou de ação, mas igualmente contra quem propõe a ação, garantindo a plenitude da defesa.

Assim, em decorrência do direito de ação, outras garantias constitucionais foram instituídas, para assegurar-lhe a efetividade: como o direito de defesa, o contraditório, a isonomia processual, a bilateralidade dos procedimentos, enfim, o *devido processo legal*.

O direito de ação é um direito público, subjetivo, genérico e abstrato de obter a prestação do serviço estatal, a atuação jurisdicional. Uma vez provocado, o Estado está obrigado a prestar a jurisdição, sem que isto signifique que o autor vá obter sempre sucesso na demanda, pois não vige mais entre nós a teoria civilista, ou imanentista, consagrada no art. 75 do Código Civil de 1916. Prestar a jurisdição é obter do Estado-juiz um provimento. É o direito subjetivo a uma sentença sobre um litígio, independente do resultado da decisão que se vier a proferir. Este direito subjetivo se realiza, quando o sujeito obtém do juiz uma decisão de mérito, ou seja, um pronunciamento sobre o direito material controvertido, não importa se a decisão foi favorável ou desfavorável ao seu interesse. São direitos inconfundíveis: a) o de obter um pronunciamento sobre o seu litígio; b) a pretensão a um bem da vida objeto da disputa.

O insigne *Enrico Tullio Liebman*[7] ensina que:

> "O poder de agir em juízo e o de defender-se de qualquer pretensão de outrem representa a garantia fundamental da pessoa para a defesa dos seus direitos e competem a todos indistintamente, pessoa física ou jurídica, italianos (brasileiros) e estrangeiros, como atributo imediato da personalidade, e pertencem por isso à categoria dos denominados direitos cívicos."

O exercício do direito de ação depende, porém, de o autor satisfazer as chamadas *condições da ação*, conforme art. 3º do CPC que preconiza *Para propor ou contestar ação é necessário ter interesse e legitimidade*. A jurisprudência tem se pronunciado no sentido de que tal exigência não ofende o princípio da inafastabilidade. E mais, em face do princípio dispositivo, depende de iniciativa do autor.

Destarte, não obstante a garantia constitucional do direito de ação, verifica-se que se não forem satisfeitas as condições da ação (art. 3º do CPC), o autor não obterá decisão de mérito, ou seja, não obterá a prestação jurisdicional, porque a ação não se apresenta viável a um pronunciamento de mérito. Tanto que a extinção do processo sem julgamento do mérito (CPC, art. 267, VI), por ausência das condições da ação, via de regra, permite a reprodução da mesma ação ou de outra ação com o mesmo pedido mediato (CPC, art. 268).

Nelson Nery Junior[8] leciona que a necessidade de serem preenchidas as condições da ação (CPC, art. 267, VI) e os pressupostos processuais (CPC art. 267, IV), e serem observados os prazos para o exercício do direito de ação, bem como de serem obedecidas as formas dos atos processuais significam limitações naturais legítimas ao exercício do direito de ação.

Não há dúvida de que a exigência de preenchimento de certos requisitos processuais, como os prazos para propor e contestar a ação, para recorrer, a formalidade dos atos processuais, as condições da ação e pressupostos processuais acabam por constituir entrave, ou mesmo obstrução para o acesso aos serviços judiciários; porém, além de serem inerentes ao exercício do próprio direito de ação, não podem ser relegados, sob pena de comprometer a segurança da prestação jurisdicional e o exercício de um outro direito constitucional, do contraditório e ampla defesa e a efetividade dos serviços judiciários. De sorte que estas dificuldades são inerentes ao exercício do direito de ação que não afrontam o preceito constitucional sob comento.

Não há que se confundir, entretanto, a exigência desses requisitos para se aquilatar a viabilidade da ação e a eficácia do processo, com a instituição de condição de procedibilidade. Enquanto as condições da ação, os pressupostos processuais e as formalidades dos atos são inerentes ao processo, porque se vinculam ao seu caráter teleológico, a condição de procedibilidade é pré-requisito que deve ser satisfeito; sem o qual, ainda que viável a ação, ela não pode ser ajuizada e, se ajuizada a relação processual está impedida de ser formada validamente, nem poderá desenvol-

---

(7) SILVA, Afonso da *apud* LIEBMAN. *Curso de direito constitucional positivo*. p. 411.

(8) NERY JÚNIOR, Nelson. *Princípios do processo civil na Constituição Federal*. p. 99.

ver-se. É o que ocorre nos sistemas constitucionais que instituem a exigência de prévio exaurimento da via administrativa, sem o qual a ação não pode ser ajuizada. O art. 5º, XXXV ao dispor que *a lei não excluirá da apreciação do Poder Judiciário lesão ou ameaça a direito* não admite que norma infraconstitucional crie qualquer condição de procedibilidade de exaurimento da via administrativa, como pré-requisito para o ajuizamento de nenhuma ação judicial. Diante da afirmação direta e sem rodeios do preceito constitucional sob comentário, qualquer obstáculo ao ingresso de ação judicial será inconstitucional. O sistema constitucional brasileiro já contemplou tal exigência, na segunda parte do § 4º do art. 153 da Constituição Federal de 1967, com redação da Emenda n. 7/77, restrita a algumas ações, cuja implementação dependia de lei que nunca foi editada. Verifica-se que a norma não foi incorporada à Constituição Federal de 1988. Em reiteradas decisões o Supremo Tribunal Federal se pronunciou afirmando que, enquanto não editada lei ordinária de que se cogitava, permaneceria incólume o direito de propositura de ações, sem a exigência de prévio exaurimento da via administrativa. A única exceção refere-se aos litígios da chamada jurisdição esportiva, assunto que será objeto de um item específico logo abaixo, com maiores considerações.

A inafastabilidade da jurisdição impede que o juiz se escuse de julgar alegando obscuridade ou lacuna na lei, conforme disposição expressa do art. 126 do Código de Processo Civil: *O juiz não se exime de sentenciar ou despachar alegando lacuna ou obscuridade da lei. No julgamento da lide caber-lhe-á aplicar as normas legais; não as havendo recorrerá à analogia, aos costumes e aos princípios gerais de direito.* Caso o juiz se recuse a sentenciar alegando que a hipótese não se encontra prevista em lei, ou sob a lacunosa expressão "por falta de amparo legal", incorrerá em negativa de prestação jurisdicional. É que a decisão judicial, como resposta ao pedido formulado pela parte, deve ser fundamentada, de acordo com o art. 93, IX da Constituição Federal de 1988. Ademais, estando presentes as condições da ação e os pressupostos processuais, em caráter abstrato, o órgão judicial está jungido a apreciar ou se pronunciar sobre o mérito da pretensão.

Nunca é demais acrescentar que, se o art. 127 do Código de Processo Civil preconiza o julgamento por equidade, quando a lei autoriza, o art. 8º da Consolidação das Leis do Trabalho permite expressamente que o juiz decida por equidade, fornecendo, ainda, outros parâmetros como a jurisprudência, a analogia, outros princípios e normas gerais de direito, usos e costumes e direito comparado, para a solução das lides trabalhistas. No mesmo sentido, o Código Tributário Nacional no art. 100, autoriza o emprego da analogia, princípios gerais de direito e de direito tributário e equidade. No mesmo diapasão, ainda, o Código de Defesa do Consumidor, Lei n. 8.078/90, no art. 7º *caput;* a Lei dos Juizados Especiais Cíveis e Criminais, n. 9.099 e o art. 2º da Lei n. 9.037/96.

Finalmente, não há que se confundir ação (art. 5º, XXXV, CF) com direito de petição (alínea *a*, XXXIV do art. 5º da CF), pois, como ensina *Nelson Nery Junior*[(9)]:

---

(9) *Op. cit.*, p. 97.

> "[...] o direito de petição é conferido para que se possa reclamar, junto aos poderes públicos, em defesa de direitos contra ilegalidade ou abuso de poder. E logo mais asseverando que ... é um direito político, que pode ser exercido por qualquer um, pessoa física ou jurídica, sem forma rígida de procedimento para fazer-se valer, caracterizando-se pela informalidade, bastando a identificação do peticionário e o conteúdo sumário do que se pretende do órgão público destinatário do pedido."

As formas de petição mais conhecidas são: petição, representação, queixa ou reclamação. O direito de ação visa a obter tutela jurisdicional referente a uma pretensão pessoal do postulante. Deve ser veiculado mediante o preenchimento de certas condições (da ação) e de alguns pressupostos (processuais) para viabilizar a apreciação à pretensão de solução de um litígio pelo juiz. Não obstante ser genérico, o direito em si, quando do seu exercício deve referir-se a uma situação conflituosa concreta e peculiar.

O direito de petição não necessariamente se destina à obtenção de solução de litígio, denúncia de um fato ou de situação jurídica não necessariamente de interesse peculiar do peticionário. Tanto que ressalta *Nelson Nery Junior*, na mesma obra que: *O direito de petição, por ser político, é impessoal, porque dirigido à autoridade para noticiar a existência de ilegalidade ou abuso de poder, solicitando as providências cabíveis*.

Neste sentido, pode-se concluir que o direito de petição é mais amplo e abrangente do que o direito de ação.

V. *PRINCÍPIO DA INAFASTABILIDADE NO DIREITO COMPARADO*

Não sendo possível, na estreiteza deste trabalho, realizar plena ou amplamente o exame do princípio da inafastabilidade do controle judicial no direito comparado, uma passagem pelas constituições de alguns países, tanto do sistema do *civil law*, como do *common law*, poderá dar uma visão, do tratamento que as cartas políticas destes países vêm dispensando sobre o tema.

5.1. Na Constituição argentina[(1)]

A Constituição da Nação Argentina não contém dispositivo semelhante ao da Constituição do Brasil que sintetize de forma contundente e expressiva a garantia do direito de ação de defesa que corresponderia ao princípio que a nossa doutrina denomina de inafastabilidade do controle jurisdicional. Tal garantia está disseminada em vários preceitos da Carta Política daquele país, em que se confundem direito de petição, princípios do juiz natural e devido processo legal e imunidade judicial.

Assim, dentre os entre outros direitos preconizados pelo art. 14 contempla-se *o direito de petição às autoridades*. O art. 18 estampa garantia de que:

> "[...] ningún habitante de la Nación pude ser penado sin juicio prévio fundado en ley anterior al hecho del proceso ni juzgado por comisiones especiales, sacado de los jueces designados por la ley antes del hecho de la cauxa. No art. 19 encontramos os seguintes dizeres:
>
> Las acciones privadas de los hombres que de ningún modo ofendan al orden y a la moral pública, ni perjudiquen a un tercero, están sólo reservadas a Dios, y exentas de la autoridad de los magistrados."

No art. 43 da mesma Constituição, proclama-se o que se poderia traduzir como sendo o nosso mandado de segurança:

> "Toda persona pude interponer acción expedita e rápida de amparo, siempre que no exista outro meio judicial más idôneo, contra todo acto u omisión de autoridades

(1) Constitución de la nación Argentina, 22.8.94, Boletín Oficial, 23.8.94.

públicas o de particulares que en forma actual o inminente lesione, restrinja, atere o ameace, arbitrariedad o ilegalidad manifesta, derechos y garantias reconocidos por esta Constitución, un tratado o una ley."

Neste mesmo artigo, na sua parte final assegura-se o *habeas corpus*.

5.2. *Na Constituição chilena*[2]

Igualmente, não se encontra na Carta Política do Chile um preceito semelhante ao art. 5º, XXV da CF/88 do Brasil. Proclama-se a garantia de direito de petição aos poderes públicos ao mesmo tempo em que implicitamente ou em referência ao que se poderia identificar como princípio da *indeclinabilidade da jurisdição* que não se confunde com o princípio da inafastabilidade. É necessário, portanto, fazer uma interpretação combinada dos arts. 14 e 73 para se extrair a garantia do direito de ação e defesa.

Assegura a Carta Magna daquele país o direito de petição no art. 14 vazados nos seguintes termos: *El derecho de apresentar peticiones a la autoridad, sobre qualquier assunto de interés público o privado, sin outra limitación que la de proceder en términos respeitosos e convenientes.*

No capítulo do Poder Judiciário, o art. 73 da Constituição depois de proclamar o princípio do juiz natural, do monopólio da atividade jurisdicional pelo Poder Judiciário, a inafastabilidade, declara que *Reclamada su intervención en forma legal y en negocios de su competencia, no podrán excusarse de ejercer su autoridad, ni aun por falta de ley que resuela la contienda o asunto sometidos a su decisión.*

5.3. *Na Constituição paraguaia*[3]

Na Constituição deste país, já se proclama em termos claros e diretos a garantia ao cidadão dos direitos de defesa, a um juiz natural, competente e imparcial. Além disso, a Constituição é enfática, quanto ao devido processo legal e em abominar a prisão arbitrária, preconizando direitos e garantias dos presos e os benefícios processuais.

Especificamente sobre o direito de ação, o art. 16 da Constituição declara que: *La defensa en juicio de las personas y de sus derechos es inviolable. Toda persona tiene derecho a ser juzgada por tribunales y jueces competentes, independientes y imparciales.*

5.4. *Na Constituição peruana*[4]

É mais uma Constituição de país vizinho que não proclama de forma precisa e clara como a brasileira a garantia de acesso à justiça e do direito de ação. Depois de

(2) Biblioteca Nacional del Congresso. Promulgação em 8.8.80, com a última alteração por meio da Lei n. 19.742, de 25.8.01.

(3) Constitución nacional república del Paraguay, promulgada em 20.6.92.

(4) Constitución política del Perú, promulgada em 1994 que substituiu aquela de 1979.

assegurar o direito de petição no art. 2º, item 20, só no capítulo do Poder Judiciário proclama o direito à jurisdição pelos cidadãos. Exatamente no art. 139 que ostenta um rol de princípios e direitos da função judicial; dentre os quais destaca-se o monopólio da jurisdição pelo Poder Judiciário, o devido processo legal e a tutela jurisdicional e competência dos órgãos judiciais, incorporando o princípio do juiz natural.

Eis o texto constitucional:

> "Art. 139. Son princípios y derechos de la función jurisdcicional:
>
> 1. [...].
>
> 2. [...].
>
> 3. La observância del debido proceso y la tutela jurisdcicional. Ninguna persona puede ser desviada de la jurisdicción predeterminada por la ley, ni sometida a procedimiento distinto de los previamente estableceidos, ni juzgada por órganos jurisdiccionales de excepción ni por comisiones especiales creadas al efecto, cualquiera sea sua denominación."

5.5. *Na Constituição uruguaia*(5)

Na Carta Política deste país, preconiza-se garantias ao direito de petição, ao processo legal, a uma sentença legal, ao juiz natural, sem uma declaração clara, direta e contundente que vincule os poderes constituídos quanto ao acesso à justiça, à inafastabilidade do controle jurisdicional, direito de ação e defesa como se pode observar dos artigos abaixo transcritos diretamente do texto constitucional.

> "Art. 11. Nadie puede ser penado ni confinado sin forma de proceso y sentença legal.
>
> Art. 17. En caso de prisión indebida el interesado o cualquer persona podrá interponer ante el Juez competente el recurso de *habeas corpus*, a fin de que la autoridade aprehensora explique de inmediato el motivo legal de la aprenhensión, estándose a lo que decida el Juez indicado.
>
> Art. 19. Qudan prohibidos lo juicios por comisión.
>
> Art. 30. Todo habitante tiene derecho de petición para ante todos y cualesquiera autoridades de la República."

5.6. *Na Constituição venezuelana*(6)

Dentre as constituições latino-americanas é que contempla preceito claro, explícito, direto e de maior abrangência ao definir para si a efetiva garantia ao cidadão do acesso à justiça e de exercício do direito de ação e de defesa.

---

(5) Constitución de 1967, con las modificaciones prebiscitadas el 26.11.89, de 2.11.94 e de 8.12.96.

(6) Gaceta Oficial de la República Bolivariana de Venezuela, n. 5.453, extraordinario de 24 de marzo de 2000.

Há que se fazer um destaque especial para o Título III dedicado aos Direitos Humanos e Garantias aos cidadãos, na medida em que praticamente transpõe literalmente para o texto constitucional os preceitos das convenções, tratados e pactos internacionais sobre direitos humanos. Não bastasse isto, proclama-se no texto constitucional a garantia de tutela efetiva não só aos interesses e direitos contemplados na Constituição, mas inclusive àqueles direitos e interesses que nela não estejam previstos expressamente.

A transcrição dos arts. 26 e 27 da referida Carta Política dispensa comentários:

"Artículo 26. Toda persona tiene derecho de acceso a los órganos de administración de justicia para hacer valer sus derechos e intereses, incluso los coletivos o difusos; a la tutela efectiva de los mismos y a obtener con prontitud la decisión correspondiente.

El Estado garantizará una justicia gratuita, accesible, imparcial, idónea, transparente, autónoma, independiente, responsable, equitativa y expedita, sin dilaciones indebidas, sin formalismos o reposiciones inútiles.

Artículo. 27. Toda persona tiene derecho a ser amparada por los tribunales en el goce y ejercicio de los derechos y garantías constitucionales, aún de aquellos inherentes a la persona que no figuren expresamente en esta Constitución o en los instrumentos internacionales sobre derechos humanos.

El procedimiento de la acción de amparo constitucional será oral, público, breve, gratuito y no sujeto a formalidad; y la autoridade judicial competente tendrá potestad para restablecer inmediatamente la situación jurídica infringida o la situación que más se asemeje a ella. Todo tiempo será hábil y el tribunal lo tramitará con referencia a cualquier otro asunto.

La acción de amparo a la liberdade o seguridad podrá ser interpuesta por cualquier persona; y el detenido o detenida será puesto o puesta bajo la custodia del tribunal de manera inmediata, sin dilación alguna."

5.7. *Na Constituição germânica*[7]

As únicas referências encontradas nesta Constituição ao acesso à justiça são no capítulo dos *Direitos Fundamentais*, em que no art. 17 se restringe a proclamar a garantia do direito de petição e no art. 19 se refere ao *respeito e garantia do devido processo legal*:

"Art. 17. [Direito de petição]

Todos terão direito de apresentar, individual ou coletivamente, petições ou reclamações escritas às autoridades competentes e ao Parlamento.

Art. 18. [Restrição aos direitos fundamentais; respeito à sua essência e garantia do devido processo legal]

---

(7) Promulgada pelo Conselho Parlamentar em 23.5.49, as emendas inseridas até 16 de julho de 1998, tradução de Maria Pontes de Salgado Campos Rodrigues e Márcia Lyra Nascimento Egg, Brasília/DF, por encomenda da embaixada alemã.

Quando, segundo esta Lei Fundamental, um direito fundamental for restringido por lei ou em virtude de lei, essa lei será aplicada de maneira geral e não apenas para um caso particular. Além disso, a lei deverá especificar o direito fundamental afetado e o artigo que o prevê.

Em hipótese nenhuma um direito fundamental poderá ser afetado em sua essência.

Os direitos fundamentais se aplicarão igualmente às pessoas jurídicas nacionais, na medida em que a natureza desses direitos o permitir.

Quem tiver seus direitos lesados pelo Poder Público poderá recorrer à via judicial. Não havendo foro especial, o recurso deverá ser encaminhado à Justiça comum."

Já nos arts. 101 e 103 encontram-se garantias do juiz natural, vedação aos tribunais de exceção e o direito de ser ouvido em juízo:

"Art. 101. 1. É vedada a instituição de tribunais de exceção. Ninguém pode ser subtraído ao seu juiz legal.

2. Só a lei pode criar tribunais destinados ao julgamento de processos em razão de determinada categoria de matérias.

Art. 103. 1. Todos têm o direito de ser ouvidos legalmente perante tribunais."

5.8. Na Constituição espanhola

No Título I — *De Los Derechos y Deberes Fundamentales*, especificamente no Capítulo II — *Derechos y libertades* (art. 24) proclama-se o direito à tutela judicial efetiva, o princípio do juiz natural, assistência judiciária, publicidade do processo, célere com garantia do contraditório e devido processo legal. São princípios decorrentes da atividade jurisdicional do estado que contemplam o direito de ação e defesa:

"Art. 24. [Derecho a la tutela judicial efectiva]

Todas la personas tinen derecho a obtener a tutela efectiva de los jueces y tribunales en el ejercicio de sus derechos e intereses legítimos, sin que, en nigún caso, pude producirse indefensión.

1. Asimismo, todos tienen derecho al Juez ordinário predeterminado por la ley, a la defensa y a la asistencia de letrado, a ser informados de la acusación formulada contra ellos, a un proceso público sin dilaciones indebidas y con las garantías, a utilizar los medios de prueba pertinentes por su defensa, a no declarar contra sí mismo, a no confesarse culpables y a la presunción de inocencia.

5.9. Na Constituição italiana

Esta Constituição na Parte I, Título I, art. 24 assegura a todos os cidadãos a possibilidade de defender, por meio do processo, direitos e interesses legítimos, proclamando que o direito de defesa é inviolável.

Eis o texto constitucional:

"Art. 24. Tutti possono agire in giudizio per la tutela dei pro pri diritti e interessi legittimi.

La defesa è diritto inviolabile in ogni stato e grado del procedimento.

Sono assecurati ai non habbienti, con appositi instituti, i mezzi per agire e difenderse davanti ad ogni giurisdizione.

La legge determina le condizione e i modi per la riparazione degli errori giudiciari.

Art. 25. Nessuno puó esse distolto da giudice naturale preconstituito per legge.

Nessuno pouó essere punito se non in forza di una legge que sai entrata in vigore prima del fatto commesso.

Nessuno puó esse sottoposto a misure di securezza se non nei casi previsti dalla legge."

5.10. Na Constituição mexicana

A Constituição mexicana com as modificações até 2 de março de 1995, no título das garantias individuais, especificamente no seu art. 17, traz vários princípios de garantia de acesso à justiça e princípios processuais, em que se destaca que "Nenhuma pessoa poderá fazer justiça por si mesmo, nem exercer violência para reclamar seu direito. Toda pessoa tem direito a que se lhe administre justiça por tribunais que serão expeditos para distribuí-la nos prazos e termos que fixem as leis, emitindo suas resoluções de maneira pronta, completa e imparcial. Seu serviço será gratuito, ficando, em conseqüência, proibidas as custas judiciais".

Veja que depois de expressamente vedar o "exercício arbitrário das próprias razões", garante um pronunciamento judicial sobre qualquer tipo de litígio, com a preocupação da celeridade e efetividade dos provimentos judiciais.

5.11. Na Constituição francesa

A Constituição deste país limita-se a proclamar no art. 66, Título VIII que trata "Das autoridades judiciárias" que *Ninguém pode ser arbitrariamente detido. As autoridades judiciárias, guardiãs da liberdade individual, asseguram o respeito deste princípio, de harmonia com a lei.*

5.12. Na Constituição britânica

Examinando "Alguns textos constitucionais britânicos" (1979, 63), na letra "B" a *Magna Carta*, outorgada por João sem Terra em 15.7.1215, confirmada seis vezes por Henrique III; três vezes por Eduardo I; quatorze vezes por Eduardo III; seis vezes por Ricardo II; seis vezes por Henrique IV; uma vez por Henrique V; e uma vez por Henrique VI, assegura o direito de petição, na seguinte passagem: *nenhum homem poderá ser detido ou preso ou privado dos seus bens, de suas liberdades e franquias, ou posto fora de lei e exilado ou de qualquer modo molestado, a não ser em virtude de sentença legal de seus pares ou da lei do país.*

Assegurando, ainda, em outro ponto o que se convencionou denominar de *due process of law,* nos seguintes termos: *ninguém, fosse qual fosse a sua categoria ou condição, podia ser expulso das suas terras ou da sua moradia, nem detido, preso, deserdado ou morto sem que lhe fosse dada a possibilidade de se defender em processo jurídico regular* (due process of law).

Estes excertos, tantas vezes reproduzidos pela doutrina, asseguram o direito de ação e defesa aos súditos britânicos, perante o poder judiciário.

5.13. Na Constituição norte-americana

O direito de ação e defesa está garantido na 5ª Emenda, sob forma singela *Regula as condições de processo e julgamento judicial,* por meio do qual assegura que ninguém será detido para responder por crime capital, ou outro crime infamante, *salvo por denúncia ou acusação perante o Grande Júri.* O que se depreende do sistema americano é que os direitos de acesso de ação e defesa estão implícito na própria concepção do Estado Democrático de Direito.

5.14. Na Constituição portuguesa

A Constituição portuguesa expressamente assegura no art. 20 o *Acesso ao direito e tutela jurisdicional efetiva,* nos seguintes termos:

"Art. 20. (Acesso ao direito e tutela jurisdicional efetiva)

1. A todos é assegurado o acesso ao direito e aos tribunais para defesa dos seus direitos e interesses legalmente protegidos, não podendo a justiça ser denegada por insuficiência de meios econômicos.

2. Todos têm direito, nos termos da lei, à informação e consulta jurídicas, ao patrocínio judiciário e a fazer-se acompanhar por advogado perante qualquer autoridade.

3. A lei define e assegura a adequada proteção do segredo de justiça.

4. Todos têm direito a que uma causa em que intervenha seja objeto de decisão razoável e mediante processo eqüitativo.

5. Para defesa dos direitos, liberdades e garantias pessoais, a lei assegura aos cidadãos procedimentos judiciais caracterizados pela celeridade e prioridade, de modo a obter tutela efectiva e em tempo útil contra ameaças ou violações destes direitos."

5.15. Breve crítica sobre o princípio da inafastabilidade no direito comparado

Observa-se que nenhum dos textos constitucionais examinados ostenta afirmação clara, direta e contundente à semelhança do art. 5º, inciso XXXV da CF/88 do Brasil. No mais das vezes, limita-se a assegurar o direito de petição, para em seguida incorporar os princípios do juiz natural, do devido processo legal, da ampla defesa, da efetividade do processo, garantia de *habeas corpus*, mandado de segurança etc.

Não há dúvida que a Constituição brasileira ao proclamar que *a lei não excluirá da apreciação do Poder Judiciário lesão ou ameaça a direito* vai muito além do que singelamente assegurar o direito de petição.

Sabidamente, o direito de ação e de defesa é mais amplo que o direito de petição. O direito de petição é um direito político, a ser exercido por qualquer pessoa, é impessoal, caracterizando-se pela informalidade e que se confere a quem queira reclamar, perante os poderes públicos, contra atos de ilegalidade e de abuso de poder. Pode ser formalizado por meio de uma representação, de uma queixa ou de reclamação. Tanto que na Constituição Federal de 1988, vem contemplado no inciso XXXIV do art. 5º.

Já o direito de ação e defesa submete-se a um rigor formal, pois não pode ser exercido por qualquer pessoa, mas tão-somente por alguém que preencha determinados requisitos (condições da ação) para obter a tutela judicial (CPC, art. 3º). É necessário demonstrar legítimo interesse processual, possuir certas qualidades para estar legitimado e que o pedido de tutela seja razoavelmente amparado no direito.

Nelson Nery Jr.[8] arremata lecionando que *Talvez por ser o direito de petição o mais livre dos direitos dos cidadãos, seja um dos menos garantidos quanto aos resultados*. Já o direito de ação tem sempre a garantia de um resultado. Para não ser repetitivo remeto o leitor para o tópico *4.2 Direito de Ação e de Defesa, Capítulo IV*, onde estabeleço com mais vagar a distinção entre direito de ação e de petição.

Sem exagero o art. 5º, inciso XXXV da CF/88 não se restringe a garantir o direito de ação e de defesa, pois, a par de ter o efeito de submeter ao controle jurisdicional qualquer situação capaz de gerar insatisfação às pessoas, nacionais ou estrangeiras, traduz uma garantia de acesso à justiça e a uma tutela jurisdicional efetiva a todo aquele que estiver em situação juridicamente tutelada pelo direito material.

Sabidamente, o direito de ação é algo que não se confunde com a pretensão. Tanto que as pessoas podem manifestar a pretensão tendo ou não exercitado o direito de ação; além disso, há pretensões manifestadas por intermédio de ação que não encontra respaldo na ordem jurídica, ensejando rejeição perante a jurisdição.

Há premente necessidade de se definir o alcance e a abrangência deste dispositivo da Constituição brasileira pela doutrina mais abalizada, pois o comando constitucional dirige-se com igual intensidade a todos os órgãos estatais (Legislativo, Executivo e Judiciário) para remover os óbices perversos que constituem barreiras internas e externas que dificultam o acesso à justiça.

(8) *Princípios do processo civil na Constituição*, p. 96.

VI. *A TUTELA CONSTITUCIONAL DO PROCESSO*

6.1. O processo como instrumento de acesso à Justiça

O exercício da jurisdição se dá por meio do processo, um método técnico jurídico de solução de conflitos de interesses, pela aplicação do preceito abstrato da norma de direito material ao caso concreto, por intermédio dos órgãos judiciais. A preocupação de se assegurar a efetividade da atividade jurisdicional levou o constituinte a instituir garantias processuais, mediante o que se convencionou chamar de *devido processo legal*.

A efetividade da atividade jurisdicional pode ser concebida como a possibilidade mais ampla possível de acesso das pessoas aos serviços judiciais, por intermédio de meios idôneos que lhe assegurem uma solução justa, ou a mais próxima possível do que seria justo.

Candido Rangel Dinamarco[1] é perfeito ao ensinar que:

> "Acesso à justiça equivale à obtenção de resultados justos. É o que também se designou como 'acesso à ordem jurídica justa' *(Kazuo Watanabe)*. Não tem acesso à justiça aquele que sequer consegue fazer-se ouvir em juízo, como também todos os que, pelas mazelas do processo, recebem uma justiça tardia ou alguma injustiça de qualquer ordem. Augura-se a caminhada para um sistema em que se reduzam ao mínimo inevitável os resíduos de conflitos não-jurisdicionalizáveis ('a universalização da tutela jurisdicional') em que o processo seja capaz de outorgar a quem tem razão toda a tutela jurisdicional a que tem direito."

É pertinente, ainda, a lição de *José Frederico Marques* invocada por *José Afonso da Silva*[2], quando ensina que:

> "Garante-se o processo, e quando se fala em 'processo', e não em simples procedimento, alude-se, sem dúvida, a formas procedimentais adequadas, a fim de que a prestação jurisdicional, quando entregue pelo Estado, dê a cada

---

(1) *A reforma do Código de Processo Civil*. São Paulo: Malheiros, 1995. p. 21.

(2) SILVA, Afonso da *apud* MARQUES, José Frederico. *Curso de direito constitucional positivo*. p. 411.

um o que é seu, segundo os imperativos da ordem jurídica. E isso envolve a garantia do contraditório, a plenitude da defesa, a isonomia processual e a bilateralidade dos atos procedimentais."

O direito constitucional de ação, de defesa e o princípio do devido processo legal implicam a adoção de mecanismos práticos que garantam o efetivo acesso do cidadão à proteção judiciária. Em outros termos, a inafastabilidade do controle jurisdicional só será efetiva, se vier complementada com mecanismos que assegurem o acesso à justiça, sob pena de continuar ser uma prerrogativa ou um privilégio de poucos, ou de uma parcela mínima dos indivíduos.

Neste sentido, válidas as inovações do legislador constituinte que ampliou a legitimidade ativa para a Ação Direta de Inconstitucionalidade; das ações coletivas — interesses difusos, mandado de segurança coletivo e ação civil pública; dos juizados especiais — cíveis e criminais; da gratuidade de serviços judiciários e de assistência judiciária àqueles que dela necessitarem; a informalidade e a simplificação de procedimentos dos juizados especiais e do processo trabalhista.

Este intuito de modernização e democratização do processo tem a preocupação de eliminar no seio da sociedade o fenômeno que o insigne *Kazuo Watanabe* chamou de *litigiosidade contida*. Trata-se de lides cíveis, por exemplo, envolvendo pequeno valor, ou de menor expressão econômica como os créditos dos pequenos comerciantes (padaria, açougue, mercearia, farmácia, tinturaria, etc.) perante a sua freguesia, ou um cheque ou uma promissória de pequeno valor não quitada, eram litígios que ficavam sem solução, e em muitas regiões ainda ficam, porque as pessoas não procuravam ou não procuram os órgãos judiciais, por uma razão muito simples: a complexidade burocrática do processo, o seu elevado custo, a necessidade de contratação de advogado, inviabilizavam a cobrança ou a execução judicial. Para estas pessoas não havia ou não há proteção judiciária.

6.2. A amplitude da jurisdição e a chamada jurisdição administrativa

Dispondo o art. 5º, inciso XXXV da CF/88 que *A lei não excluirá da apreciação do Poder Judiciário lesão ou ameaça de direito*, comparando-se com os textos das constituições anteriores, houve significativo avanço, pois, não limitou a referir-se aos *direitos individuais,* acrescentou também a *ameaça de direito*. Assim, a proteção judicial aos direitos individuais, passou a compreender também os direitos coletivos, abrangendo não apenas a lesão consumada ao direito da pessoa, mas a simples ameaça a direito subjetivo individual ou coletivo. Com o avanço dos chamados direitos sociais na Constituição Federal, houve uma coerência do legislador constituinte em não restringi-la a direito individual.

Em correlação ou por decorrência do princípio da inafastabilidade do controle jurisdicional, a Constituição Federal de 1988 assegura a garantia do *devido processo legal* no art. 5º, LIV, e no que diz respeito à garantia à chamada "jurisdição" administrativa, estabeleceu que *aos litigantes em processo judicial ou administrativo, e aos acusados em geral são assegurados o contraditório e ampla defesa, com os meios e recursos a ela inerentes.*

Ensina *Arruda Alvim*[3] que:

> "[...] no Brasil, não é possível se sustentar que qualquer processo administrativo impeça o acesso ao Poder Judiciário. Entre nós não é aceitável ou defensável a idéia de que, em certas circunstâncias seria suficiente o processo administrativo para, em função do seu resultado, aceitar-se como definitiva a decisão administrativa, de que não houve lesão."

E continua o insigne autor "Se assim é, mesmo pendendo um processo perante a administração pública, será possível rediscutir a mesma controvérsia perante o Judiciário, desde que haja demonstração de possível lesão a direito".

Infere-se, portanto, que o particular não poderá ser impedido de levar a questão ao Judiciário sob a fundamentação de que haveria uma litispendência, ou de que a pendência estivesse sob a apreciação da administração, em contencioso administrativo.

Pontes de Miranda[4], comentando o § 4º do art. 153 da Constituição Federal de 1967, sustenta que nenhuma regra jurídica poderá ser promulgada que estabeleça preclusão em nosso processo administrativo, ou em inquérito parlamentar, de modo que se exclua a cognição pelo Poder Judiciário (coisa julgada material e cognição) se a *res deducta* é direito individual ou não. A regra é enorme e, vulgarmente, dir-se-ia que significa que a última palavra tem-na a Justiça.

Como já ressaltado neste trabalho, para não ser repetitivo, remete-se o leito ao item "Princípio da Inafastabilidade do Controle Jurisdicional", em que se deixou bem clara a defesa da tese de que não há só um monopólio da prestação jurisdicional pelo Estado, mas, no nosso sistema jurídico, existe um monopólio desta atividade pelo Poder Judiciário, ante a dicção do art. 5º, inciso XXXV da Constituição Federal de 1988.

As históricas investidas, como do "Pacote de Abril", via Emenda n. 7, de 12.4.77 que introduziu o *contencioso administrativo*, no art. 111 e § 4º do art. 153 à Emenda Constitucional n. 1/69 não vingaram, como se observará no tópico 6.3 deste capítulo.

6.3. Limites da jurisdição brasileira

Há que se reconhecer, porém, a existência de naturais limitações ao exercício da jurisdição, pois, em decorrência do princípio da aderência da jurisdição à territorialidade que limita a atuação do juiz nacional ao território brasileiro (CPC, arts. 88 e 89 e LICC, art. 12), ou pelas imunidades jurisdicionais que gozam os Estados estrangeiros, os chefes de Estados estrangeiros e os agentes diplomáticos.

(3) ALVIM, Arruda. *Tratado de direito processual civil.* São Paulo: RT, 1990. p. 180.

(4) *Comentários à Constituição de 1967.* São Paulo: Revista dos Tribunais, 1968. p. 100.

A fonte das imunidades jurisdicionais internacionais é a Convenção sobre Funcionários Públicos (Havana, 1928) e a Conferência Internacional sobre Relações Diplomáticas (Viena, 1961). O Brasil é signatário tanto da Convenção como da Conferência e ambas foram introduzidas no âmbito jurídico interno, de acordo com mecanismos constitucionais. A imunidade é tanto da ação como da execução. Tais imunidades, porém, podem ser objeto de renúncia pelo beneficiário. Cessa, portanto, a imunidade, quando há renúncia válida; se o beneficiário é autor da ação ou da execução; em se tratando de litígio versando sobre imóvel situado no Brasil; se o agente é nacional do país em que é creditado; inventário e partilha de bens situados no Brasil, ainda que o autor da herança seja estrangeiro e tenha residido fora do território nacional (art. 89 do CPC).

A principal razão das imunidades internacionais é a convivência pacífica entre Estados Estrangeiros, já que igualmente soberanos. Além disso, pela *conveniência* e *viabilidade* da atividade da própria jurisdição. É o que se dá, por exemplo, se houver renúncia à imunidade da ação, mas não à imunidade da execução. O juiz brasileiro na ação de cognição declara o direito, mas fica inviabilizada a execução do comando contido na sentença.

No processo trabalhista, por exemplo, para as imunidades dos Estados e chefes de Estados estrangeiros, bem como dos agentes diplomáticos se estabeleceu duplo entendimento: o primeiro, entende que a imunidade é parcial, pois depende da natureza do ato praticado, se de *iure imperii* ou *iure gestionis*; o segundo, em que a imunidade é total, só cessando em caso de renúncia por parte do beneficiado por ela.

Pelo primeiro critério, atuando no Brasil e contratando trabalhador brasileiro ou estrangeiro aqui residente, pelo regime da Consolidação das Leis do Trabalho, os entes públicos estrangeiros não gozam de imunidade de jurisdição, porque praticaram ato de gestão (celebraram contrato cuja disciplina é de direito privado nacional). Assim, presume-se que abriram mão, ou renunciaram à imunidade. Neste sentido, já decidiu o Excelso Supremo Tribunal Federal em acórdão da lavra do Ministro Francisco Rezek, conforme Athos Gusmão Carneiro[5] salientou serem inaplicáveis as Convenções de Viena, as quais dizem respeito à imunidade pessoal e não dos Estados estrangeiros; esta resultaria somente dos costumes internacionais. Mas, tais costumes não mais abrigam a imunidade absoluta dos Estados uns perante os outros, afastada por Convenção européia (Convenção de Basiléia) e pelo direito interno britânico e americano.

Na esteira das decisões do Excelso Supremo Tribunal Federal, no entanto, se a contratação ou admissão de servidores (brasileiros ou não) por Estados estrangeiros, para prestarem serviços em suas embaixadas no Brasil, sob as normas que disciplinam tais relações jurídicas, de acordo com o direito do seu país de origem, não se pode interpretar que há renúncia à imunidade da jurisdição brasileira.

Com efeito, não quer dizer, contudo, que não possa haver renúncia, pelo Estado estrangeiro, à imunidade da jurisdição brasileira, em casos de contratação, pela sua

(5) *Jurisdição e competência*. São Paulo: Saraiva, 1995. p. 52.

embaixada no Brasil, de trabalhadores pelo regime jurídico de seu próprio País. Só que, neste caso, depende de renúncia do beneficiado, pois não se presume. Esta manifestação de vontade pode dar-se de forma expressa ou implícita. A ação deverá, porém, ser movida na Justiça Federal e não na Justiça do Trabalho. É que o vínculo entre as partes não é de natureza trabalhista. Será implícita, quando a embaixada (Estado estrangeiro) contesta a ação, sem argüir a imunidade, presumindo-se que houve renúncia à imunidade. Se não contesta, não há renúncia, pois presume-se que não aceitou submeter-se ao juiz brasileiro. Entretanto, de acordo com esta corrente, na mesma hipótese, se a embaixada contrata o empregado pelo regime da Consolidação das Leis do Trabalho, a renúncia se dá no ato da contratação independente do ato de comparecer em juízo. Se não comparecer à audiência, dá ensejo à revelia e confissão quanto à matéria de fato, porque sujeito à jurisdição brasileira.

O entendimento consubstanciado no venerando acórdão decorre da interpretação do art. 114 da Constituição Federal que expressamente contempla a competência da Justiça do Trabalho para causa entre trabalhadores e ente de direito público externo. No caso, a dicção da norma sobre competência interna acabou por adentrar em questões de jurisdição internacional.

Pelo segundo critério, não se faz a distinção entre atos de *iure imperii* e *iure gestionis*, concluindo que não há imunidade parcial; é sempre total, quer dizer, contratando empregado no Brasil, pelo regime da Consolidação das Leis do Trabalho, ou não, estes entes públicos estrangeiros são imunes à jurisdição brasileira.

Finalmente, a doutrina internacional reconhece a existência de dupla imunidade: de jurisdição (ação e execução). Como se viu, todavia, a imunidade de jurisdição não é um conceito absoluto, podendo o beneficiário renunciá-la. A faculdade de renunciá-la será utilizada segundo critérios de conveniência e/ou interesse de bom relacionamento entre membros da comunidade internacional e até como manifestação da sua soberania. Conquanto digam que a renúncia não pode ser tácita, há, como foi visto acima, a possibilidade de ser implícita.

Há, ainda, limites internos de atuação dos órgãos jurisdicionais. É o que se dá, por exemplo, com a denominada atuação anômala de órgão não jurisdicional, quando, por exemplo, a Constituição atribui, no art. 52, I e II, competência ao Senado Federal (órgão do Poder Legislativo) para julgar pessoas detentoras de cargos políticos (Presidente, Vice-Presidente, etc., em crimes de responsabilidade); ações submetidas à solução por meio de arbitragem privada, Lei n. 9.307/96. Dentre estes limites, ressalte-se que a impossibilidade de censura dos atos administrativos, pelo Poder Judiciário, pelo ponto de vista da oportunidade e da conveniência, vem sendo restringida pela jurisprudência.

Sobre o controle jurisdicional dos atos administrativos e a quase imunidade quanto ao exame de mérito dos atos administrativos discricionários, será objeto de abordagem na segunda parte desta dissertação.

As causas submetidas à arbitragem privada ficam afastadas da apreciação, quanto ao mérito do litígio, do controle jurisdicional, tanto que o art. 267, VII do Código de Processo Civil arrola com causa de extinção do processo, sem julgamento de mérito, *pela convenção de arbitragem*. Por ser evidente, subsiste o controle jurisdicional quanto à legalidade, satisfação dos pressupostos de validade, alegação de invalidade ou nulidade do procedimento da arbitragem, como qualquer negócio jurídico privado.

Nunca é demais ressaltar que a execução forçada da decisão arbitral só será possível perante os órgãos do poder judiciário.

Corrobora a tese de que os litígios submetidos à arbitragem privada ou em caso de cláusula compromissória estão subtraídos da apreciação do poder judiciário, na fase cognitiva, a doutrina de *Vicente Greco Filho*(6).

Ísis de Almeida(7) chegou à seguinte conclusão a respeito do tema: *Em caso de ação trabalhista ser movida perante a vara do trabalho (antiga Junta de Conciliação e Julgamento), onde não houver, perante o Juiz de Direito investido de jurisdição trabalhista, tão-logo citado* (no processo trabalhista fala-se em notificação inicial), *o ente de direito público externo poderá adotar uma das reações a saber:*

a) não comparece à audiência designada; b) comparece e se concilia; c) comparece e argúi imunidade de jurisdição; d) comparece e renuncia à imunidade.

No primeiro caso, deve ser reconhecida a imunidade de jurisdição, porque não há renúncia tácita; no segundo, a conciliação é válida (renúncia implícita); mas, se não cumprido espontaneamente, só será executado, se houver renúncia da imunidade à execução; no terceiro caso, será proclamada a imunidade de jurisdição; no último será instruído e julgado o processo, com qualquer outro.

6.4. Direito de ação e a exigência de prévio exaurimento da instância administrativa

A Emenda Constitucional n. 7, de 13 de abril de 1977, decretada pelo Chefe do Executivo com fundamento no Ato Institucional n. 5, deu nova redação ao § 4º do art. 153 da Emenda Constitucional n. 1/69 e instituiu, na primeira parte, o princípio da inafastabilidade do controle jurisdicional e, na segunda parte, preconizou que *O ingresso em juízo poderá ser condicionado a que se exauram previamente as vias administrativas, desde que não exigida garantia de instância, nem ultrapassado o prazo de cento e oitenta dias para a decisão sobre o pedido*.

Esta mesma Emenda, a então Carta Política, fruto de um ato de força do Executivo que, para tanto suspendeu as atividades do Congresso Nacional, onde tramitava o projeto de reforma do judiciário, cuja discussão no legislativo se inclinava para o desagrado dos chefes militares de plantão e que, na mesma oportunidade, criou no art. 111 daquela Constituição, o *contencioso administrativo (A lei poderá criar contencioso administrativo e atribuir-lhe competência para o julgamento das causas mencionadas no artigo anterior* (*art. 153, § 4º*)).

---

(6) *Direito processual civil brasileiro*. São Paulo: Saraiva, 1995. p. 169.

(7) *Manual de direito processual do trabalho*. 7. ed. São Paulo: LTr, 1995. p. 120.

Esta brutal afronta ao princípio da inafastabilidade do controle jurisdicional, porém, caiu na simpatia de parte da doutrina que vislumbrou por meio destas medidas mecanismo de desafogamento dos tribunais. Neste sentido, *José Celso de Mello Filho*[(8)] passa a sustentar que *O ônus do prévio esgotamento dos recursos na esfera administrativa não conflita com o princípio da tutela jurisdicional dos direitos, inscrito no § 4º do art. 153 da Constituição.* E logo mais acrescenta que a sua instituição por lei era possível desde que não exigida a garantia de instância, nem a decisão do pedido ultrapasse o prazo de 180 dias.

Mereceu, entretanto, o seguinte comentário do professor *Celso Ribeiro Bastos*[(9)]: *Esta previsão do texto constitucional, absolutamente isolada e estranha às tradições do nosso direito, gerou dissídio doutrinário* ... O professor *Arruda Alvim*[(10)] comentando sobre a criação do *contencioso administrativo* foi de extrema lucidez: *A nossa Constituição abriu as portas para a sua criação, mas desligou-o do Poder Judiciário; e posto não a entendamos como melhor solução, foi a escolhida pelo legislador constitucional.*

Nunca lei nenhuma foi promulgada, quer criando o contencioso administrativo quer exigindo o "prévio exaurimento da via administrativa" para ajuizamento de ação. De tal sorte que a jurisprudência do Supremo Tribunal Federal e do, então, Tribunal Federal de Recursos, não consagraram a aplicabilidade da segunda parte do § 4º do art. 153 da Emenda Constitucional n. 1/69, tornou-a letra morta.

Na esteira da disposição do art. 5º, inciso XXXV da Constituição Federal de 1988 *(a lei não excluirá da apreciação do Poder Judiciário qualquer lesão ou ameaça a direito)*, como já ressaltado neste trabalho, qualquer exigência de prévio exaurimento de via administrativa, para a propositura de ação judicial ofende de morte o princípio da inafastabilidade do controle judicial, cuja única exceção são os litígios de competência da chamada *"justiça desportiva"*.

Acrescenta, agora, *Arruda Alvim*[(11)] que:

> "[...] a lei, todavia, poderá subordinar o uso de determinada modalidade de direito de ação (como é o caso do mandado de segurança, art. 5º, I da Lei n. 1.533/51) a certos pressupostos e requisitos, que poderiam ser justamente consistentes em que, antes do seu exercício, houvesse de trafegar o interessado pela via administrativa, desde que isso não configure, ameaça a lesão a direito."

Não se pode esquecer, entretanto, que o exercício da ação de mandado de segurança está sujeita ao prazo decadencial de 120 dias. O STF por meio da Súmula n. 429 fixou entendimento que:

---

(8) *Constituição Federal anotada.* São Paulo: Saraiva, 1984. p. 153.

(9) *Curso de direito constitucional.* 6. ed. São Paulo: Saraiva, 1984. p. 181.

(10) *Garantia constitucional do direito de ação,* p. 153.

(11) *Tratado de direito processual civil.* V. I. São Paulo: Revista dos Tribunais, 1990. p. 182.

"A existência de recurso administrativo com efeito suspensivo não impede o uso do mandado de segurança contra omissão de autoridade e igualmente pela Súmula n. 430. Pedido de reconsideração na via administrativa não interrompe o prazo para o mandado de segurança."

De sorte que não interrompendo o prazo, a morosidade da administração pode levar à decadência do direito ao mandado de segurança, o que configura potencialmente grave lesão ao exercício desta ação, exigir que precedentemente se esgote a via administrativa.

O esgotamento prévio da via administrativa tem sido repudiado tanto pela doutrina, como pela jurisprudência, exceto no caso de ações relativas à disciplina e às competições esportivas, na medida em que o § 1º do art. 217 da Constituição cria este requisito, qual seja, esgotamento das instâncias da chamada "justiça desportiva", como condição para ingressar em juízo.

Em direito previdenciário, a Súmula n. 89 do Superior Tribunal de Justiça é explícita: *A ação acidentária prescinde do exaurimento da via administrativa.* A Súmula n. 213 do extinto Tribunal Federal de Recursos já expressava entendimento segundo o qual: *O exaurimento da via administrativa não é condição para a propositura de ação de natureza previdenciária.*

Em recente pronunciamento, o STJ, no REsp n. 158.165/DF, DJ de 3.8.98, p. 341, relator Min. Anselmo Santiago, 6ª T., assim ementou:

"PREVIDENCIÁRIO E CONSTITUCIONAL. REVISÃO DE BENEFÍCIO. PRÉVIO EXAURIMENTO DE VIA ADMINISTRATIVA. INEXIGIBILIDADE. 1. O prévio exaurimento da via administrativa não é condição para a propositura de ação judicial objetivando a revisão da renda mensal inicial de benefício previdenciário, eis que em plena vigência o comando da Súm. n. 213, do extinto tribunal federal de recursos, que afasta por completo dita exigência; ademais, admitir-se tal condicionamento importa em violação ao princípio do livre acesso ao poder judiciário, insculpido no art. 5º, inciso XXXV, da Constituição Federal. 2. Recurso conhecido."

Como se verifica a decisão foi por maioria, pois o relator originário entendia que *faltava interesse de agir*, porque o autor não havia esgotado previamente a via administrativa, para configurar resistência da pretensão, pelo ente administrativo.

Vale destacar, ainda, que a Lei n. 9.958/00 que criou a *Comissão de Conciliação Prévia*, como forma de solução extrajudicial de conflitos por intermédio de mediação de uma comissão com representantes classistas (empregado e empregador), vem suscitando acirrado debate doutrinário, sendo largamente sustentado que no âmbito trabalhista se instituiu a *exigência de prévio exaurimento da via administrativa*, para a propositura da ação trabalhista.

Por evidente, não se trata de condição da ação o esgotamento da via administrativa, pois não é exigência inerente à viabilidade de um pronunciamento de mérito do litígio, sendo as partes legítimas, não se encontrando óbice, em abstrato, no ordenamento jurídico e sendo a ação proposta útil e adequada à solução do litígio.

Não há que se falar, ainda, que caracteriza pressupostos processuais de ordem objetiva ou subjetiva, porque não se poderia erigir a requisito de existência da relação processual, nem constituição ou de desenvolvimento válido e regular do processo.

A melhor exegese é de que a lei criou *condição especial de procedibilidade*. Como ressaltado acima, porém, só mediante autorização constitucional tal condição seria legitimamente instituída. Altere-se a Constituição, introduzindo tal condição e aí estará legitimada a exigência de prévio exaurimento de via administrativa para a propositura da reclamação trabalhista. Ainda assim, tratar-se-ia de norma só formalmente constitucional; mas, materialmente inconstitucional.

A leitura do art. 852 da Consolidação das Leis do Trabalho, com a redação que lhe imprimiu a Lei n. 9.958/00, não parece induzir à conclusão de que o legislador tenha instituído a *condição especial de procedibilidade*, pois instituiu apenas competência da referida comissão, para apreciar os litígios que forem a ela apresentados. Ao dar-lhe tal competência, ao contrário do que pensam alguns, não instituiu a tal condição especial para o ajuizamento da ação trabalhista.

A jurisprudência do Tribunal Superior do Trabalho tem externado entendimento contraditório daquela Colenda Corte, na medida em que dá pela exigibilidade de prévio exaurimento da via administrativa, por meio da Comissão de Conciliação Prévia, para o ajuizamento da reclamação trabalhista, extinguindo inúmeros processos sem resolução do mérito, por falta de pressupostos objetivos de admissibilidade da ação. Entretanto, há julgados entendendo que tal exigência fere o art. 5º, XXXV da Constituição Federal.

Na maioria dos Tribunais Regionais do Trabalho, prepondera o entendimento de que tal exigência afronta o direito de ação.

SEGUNDA PARTE

I. *CONTROLE JURISDICIONAL DA DISCRICIONARIEDADE ADMINISTRATIVA*

1. CONTROLE JURISDICIONAL DOS ATOS ADMINISTRATIVOS

1.1. Os princípios constitucionais e os princípios gerais de direito que regem os atos da administração pública

São inesgotáveis os argumentos para demonstrar a evolução do constitucionalismo no século XX, no esforço para superar a exacerbação das concepções positivistas, liberalistas e absolutistas das fontes normativas e avançar para a constitucionalização dos princípios. Já foi salientado, a importante tarefa de *Ronaldo Dworkin*, jurista de Havard, nos Estados Unidos e de *Robert Alexy* jurista alemão, reconhecendo a normatividade dos princípios e a constitucionalização dos princípios jurídicos.

Não menos importante a doutrina do insigne *Jorge Miranda*[1] que leciona:

> "Os princípios não se colocam, pois, além ou acima do Direito (ou do próprio Direito Positivo); também eles — numa visão ampla, superadora de concepções positivistas, liberalistas e absolutizantes das fontes legais, fazem parte do complexo ordenamental. Não se contrapõem às normas, contrapõem-se em norma-princípios e norma-disposições."

Nesta onda de constitucionalização dos princípios, foi sábio o legislador constituinte originário brasileiro de 1988, bem como o constituinte derivado de 1998 (Emenda Constitucional n. 19/98), quando proclamou que a *"Administração pública direta e indireta de qualquer dos Poderes da União, dos Estados, do Distrito Federal e dos Municípios obedecerá aos princípios da legalidade, impessoalidade, moralidade, publicidade e eficiência e, [...]"*.

Daí a pertinência da afirmação de Eros *Roberto Grau*[2], ressaltando que uma das características da Constituição Federal de 1988 *está em que ela é marcadamente 'principiológica' — e, por conseqüência, pragmática — no sentido de que dispõe não apenas de regras, mas também de princípios.*

(1) *Manual de direito constitucional*. 6. ed. T. II. Coimbra: Coimbra Editora, 1997. p. 198.

(2) *A ordem econômica na Constituição de 1988*. São Paulo: Malheiros, 2002. p. 159.

1.2. Princípios constitucionais da administração pública

Examinam-se, agora, nas limitações deste trabalho, os princípios constitucionais elencados no art. 37 da CF/88, como pertinentes à administração pública: *da legalidade, da impessoalidade, da moralidade, da publicidade e da eficiência.*

1.2.1. Princípio da legalidade

O princípio da legalidade contempla garantia para os administrados, pois qualquer ato da administração pública somente terá validade se respaldado no Direito. É uma limitação à atividade administrativa do Estado, cuja finalidade é a proteção do administrado em relação ao abuso de poder do Administrador.

Este princípio apresenta um perfil diverso no campo do Direito Público e no campo do Direito Privado. Naquele, em razão do interesse privado, as partes podem fazer tudo o que a lei não proíbe; neste, diferentemente, existe uma relação de subordinação ao Direito, ou seja, só se pode fazer o que o Direito autorizar.

O princípio da legalidade, no Direito Administrativo, apresenta exceções:

1. *medidas provisórias*: são atos com força de lei, mas o administrado só se submeterá ao previsto em medida provisória se elas forem editadas dentro dos parâmetros constitucionais, ou seja, se presentes os requisitos da *relevância e da urgência*;

2. *estado de sítio e estado de defesa*: são momentos de anormalidade institucional. Representam restrições ao princípio da legalidade, porque são instituídos por um decreto presidencial que poderá obrigar a fazer ou deixar de fazer mesmo não sendo lei.

Em se falando de princípio de legalidade, há que se ressaltar que o sistema jurídico não se contenta com o da legalidade restrita, mas o da *juridicidade administrativa* que engloba também a aplicação de princípios constitucionais expressos e implícitos (CF/88, art. 5º, § 2º).

1.2.2. Princípio da impessoalidade

Na administração pública, não há liberdade para manifestação pessoal do administrador, pois, como já foi visto neste trabalho, no Estado Democrático de Direito o ideal é um "governo de leis" e não um "governo de homens".

O princípio deve ser enfocado sob dois aspectos:

1. *em relação aos administrados*: administração pública não poderá atuar discriminando pessoas de forma gratuita, pois deve permanecer numa posição de neutralidade em relação às pessoas privadas. Agir com imparcialidade. A atividade administrativa deve ser destinada a todos os administrados, sem discriminação nem favoritismo, constituindo assim um desdobramento do princípio geral da igualdade, art. 5º, *caput*, CF/88. Ex.: a universalidade das regras do concurso público, para admissão de servidores, preestabelecidas na lei e no edital;

2. *em relação à própria Administração Pública*: a responsabilidade dos atos administrativos praticados deve ser imputada não ao agente e sim à pessoa jurídica —

administração pública direta ou indireta. Segundo o art. 37, § 6º, da CF "*as pessoas jurídicas de direito público e as de direito privado prestadoras de serviços públicos responderão pelos danos que seus agentes, nessa qualidade, causarem a terceiros, assegurado o direito de regresso contra o responsável nos casos de dolo ou culpa*". É a Teoria do Órgão: a responsabilidade deve ser imputada ao órgão/pessoa jurídica e não ao agente público.

1.2.3. Princípio da moralidade

O *Homem desmoralizado não poderá governar,* afirmação atribuída a *Sólon*, por *Cármen Lúcia Antunes Rocha*[3].

O ato e a atividade da administração pública devem obedecer não só à lei, mas também à moral.

Esta autora, nesta obra, noticia que as idéias de *Maurice Hauriou* e por *Georges Ripert*, de que a noção de moralidade administrativa formou-se a partir do princípio da legalidade, ao qual se acrescentou um conteúdo necessário à realização efetiva e eficaz de justiça, como elemento interno de legalidade. É a disciplina que se impõe ao agente público para a sua conduta interna, segundo as exigências da instituição que serve, não se confundindo com a moral comum, imposta ao homem como conduta externa.

De sorte que não basta que o ato seja praticado por autoridade competente e que os motivos sejam verdadeiros, o objeto lícito, se a intenção do agente se desvia dos fins que justificam a prática do ato, pois terá que aferir entre o honesto e o desonesto e não apenas entre o legal e ilegal; o justo e injusto; o conveniente e inconveniente; o oportuno e o inoportuno.

Assim, perquirir a moralidade administrativa significa perquirir da intenção do agente administrativo, quais os fins que desejou obter com o ato praticado, o que só possível pelo exame do conteúdo do ato, *in concreto,* quando se verificar se houve ofensa ao senso comum de boa-fé, honestidade, retidão, equilíbrio, justiça, ética, respeito à dignidade da pessoa humana etc. Enfim, razoabilidade, proporcionalidade e eficiência dos atos e decisões administrativas.

A moralidade exige proporcionalidade entre os meios e os fins a atingir; entre os sacrifícios impostos à coletividade e os benefícios por ela auferidos; entre as vantagens usufruídas pelas autoridades públicas e os encargos impostos aos cidadãos.[4]

No plano do nosso direito positivo, além do art. 37, *caput* da Constituição Federal, a Lei da Ação Popular, n. 4.717, de 29.6.65, inclui entre os atos nulos aqueles praticados com *desvio de poder*, rezando no art. 2º, parágrafo único alínea *e ... quando o agente pratica o ato visando a fim diverso daquele previsto, explícita ou implicitamente, na regra de competência;* a Lei n. 8.429/92, no seu art. 9º, exemplifica as hipóteses de atos de improbidade administrativa, ao dispor que todo

(3) *Princípios constitucionais da administração pública.* Belo Horizonte: Del Rey, 1994. p. 183.

(4) DI PIETRO, Maria Sylvia Zanella. *Discricionariedade administrativa* ... 2. ed. São Paulo: Atlas, 2001. p. 154.

aquele que objetivar algum tipo de vantagem patrimonial indevida, em razão de cargo, mandato, emprego ou função que exerce, estará praticando ato de improbidade administrativa.

São exemplos: usar bens e equipamentos públicos com finalidade particular; intermediar liberação de verbas; estabelecer contratação direta quando a lei manda licitar; vender bem público abaixo do valor de mercado; adquirir bens acima do valor de mercado (superfaturamento); a corrupção; o nepotismo no serviço público.

Instrumentos para combater atos de improbidade: Ação Popular, art. 5º, LXXIII, da CF e Ação Civil Pública, Lei n. 7.347/85, art. 1º, desde que neste caso o interesse seja difuso; a lei de responsabilidade fiscal.

Sanções aplicáveis (art. 37, § 4º, da CF): suspensão dos direitos políticos; perda da função pública; indisponibilidade dos bens; ressarcimento ao erário.

Veja-se este acórdão do Superior Tribunal de Justiça a respeito da moralidade administrativa, em consonância com os princípios da razoabilidade e proporcionalidade:

> "ADMINISTRATIVO E CONSTITUCIONAL — MILITAR — SARGENTO DO QUADRO COMPLEMENTAR DA AERONÁUTICA — INGRESSO E PROMOÇÃO NO QUADRO REGULAR DO CORPO DE PESSOAL GRADUADO — ESTÁGIO PROBATÓRIO NÃO CONVOCADO — CONDIÇÃO *SINE QUA NON* — APLICAÇÃO DO ART. 49 DO DECRETO N. 68.951/71 — RECURSO ESPECIAL — LIMITAÇÃO DA DISCRICIONARIEDADE — MORALIDADE PÚBLICA, RAZOABILIDADE E PROPORCIONALIDADE.
>
> 1. A discricionariedade atribuída ao Administrador deve ser usada com parcimônia e de acordo com os princípios da moralidade pública, da razoabilidade e da proporcionalidade, sob pena de desvirtuamento.
>
> 2. As razões para a não convocação de estágio probatório, que é condição indispensável ao acesso dos terceiros sargentos do quadro complementar da Aeronáutica ao quadro regular, devem ser aptas a demonstrar o interesse público.
>
> 3. Decisões desse quilate não podem ser imotivadas. Mesmo o ato decorrente do exercício do poder discricionário do administrador deve ser fundamentado, sob pena de invalidade.
>
> 4. A diferença entre atos oriundos do poder vinculado e do poder discricionário está na possibilidade de escolha, inobstante, ambos tenham de ser fundamentados. *O que é discricionário é o poder do administrador. O ato administrativo é sempre vinculado, sob pena de invalidade.*" (Acórdão REsp n. 79.761/DF; Recurso Especial n. 1995/0059967-8, DJ data: 9.6.97, p.: 25.574, Relator Min. Anselmo Santiago) (grifei)

1.2.4. Princípio da publicidade

A regra geral é que não haja ato administrativo sigiloso, exceto às exceções legais que não contrariem a Constituição. É a obrigação, o dever atribuído à administração, de dar total transparência a todos os atos que praticar.

Por este princípio, veda-se o sigilo dos atos administrativos. No regime constitucional em vigor, não há lugar para atos administrativos no âmbito de qualquer esfera dos poderes da República que não sejam públicos. A regra só comporta exceções no âmbito da Constituição, como quando os atos e atividades estiverem relacionados com a segurança nacional ou quando o conteúdo da informação for resguardado por sigilo (art. 37, § 3º, II, da CF/88). Assim, nenhuma norma infraconstitucional poderá legitimamente criar regras de atos sigilosos.

A publicidade da atividade, obras e serviços dos órgãos públicos, entretanto, só será admitida se tiver fim educativo, informativo ou de orientação social, proibindo-se a promoção pessoal de autoridades ou de servidores públicos por meio de aparecimento de nomes, símbolos e imagens.

São instrumentos constitucionais utilizados para assegurar o recebimento de informações o *Habeas Data*, art. 5º, LXXII, da CF e o Mandado de Segurança, art. 5º, LXIX e LXX, da CF.

1.2.5. Princípio da eficiência

A Emenda Constitucional n. 19, de 1998, trouxe para o texto constitucional o princípio da eficiência, que obriga a administração pública a aperfeiçoar os serviços e as atividades que presta, buscando otimização de resultados e visando atender o interesse público com maior eficácia. Deve-se ressaltar, todavia, que já constava em nossa legislação infraconstitucional o mencionado princípio, a exemplo do Decreto-lei n. 200/67 (arts. 13 e 25, V), da Lei de Concessões e Permissões (Lei n. 8.987/95, arts. 6º e 7º) e do Código de Defesa do Consumidor (Lei n. 8.078/90, arts. 4º, VII e 6º, X e 22).

Para uma pessoa entrar para a administração pública, deve haver concurso público. A Constituição Federal dispõe que os títulos e as provas devem ser hábeis e variar conforme a necessidade do serviço público, a natureza e a complexidade do cargo. Para adquirir estabilidade, é necessária a eficiência (nomeação por concurso, estágio probatório de três anos etc.).

Para perder a condição de servidor (art. 41, § 1º, CF/88), é necessário sentença judicial transitada em julgado, processo administrativo com ampla defesa e prova inequívoca de insuficiência no desempenho na função pública.

1.2.6. Princípios gerais de direito administrativo

Não seria demais acrescentar princípios constitucionais implícitos e os princípios gerais de direitos que regem a administração pública: *da motivação das decisões administrativas e da supremacia do interesse público sobre o particular, da razoabilidade e da proporcionalidade.*

1.2.7. Princípio da motivação das decisões administrativas

É um princípio importante, porque sem a motivação não há o devido processo legal, pois sonega ao cidadão as razões e fundamentos que ensejaram o ato administrativo, inviabilizando igualmente o exercício do direito de defesa. Esta é a razão fundamental pela qual se deve exigir a motivação do ato administrativo.

Motivar significa: mencionar expressamente o dispositivo legal em que se deve fundamentar a decisão do caso concreto; relacionar os fatos que concretamente levam à aplicação daquele dispositivo legal. Em suma, é fazer a expressa e a efetiva subsunção do fato à norma.

Assim, todo o ato administrativo deve ser motivado para que o Judiciário possa exercer efetivo controle, inclusive sobre o mérito, isto é, não só quanto à sua legalidade estrita, mas igualmente quanto à excelência da decisão.

Encontram-se ultrapassadas as idéias de *Hely Lopes Meirelles* que o ato discricionário, editado com legalidade, confere ao administrador uma margem de liberdade para fazer um juízo de *conveniência e oportunidade*, não sendo necessária a motivação; porém, se houver tal, o ato deverá condicionar-se à referida motivação.

A nova ordem constitucional não convive mais com tais idéias.

Com efeito, o art. 37 da Constituição Federal, com a redação que lhe deu a Emenda Constitucional n. 19, de 1998, expressamente enumera os princípios que regem a administração pública a que o administrador público deve se submeter, tanto na prática de conteúdo de ato vinculado, quanto de ato discricionário. Diante da imperatividade da norma constitucional, é pressuposto de validade de qualquer ato administrativo a ausência de ofensa aos princípios constitucionais. A única maneira de demonstrar isto é consignar expressamente as razões de fato e de direito em que se baseia a decisão que desaguou na edição do ato, ainda que de conteúdo discricionário.

Destaque-se que, relativamente à discricionariedade, para atender aos preceitos preconizados pela norma constitucional não basta a legalidade dos elementos formais do ato (competência, finalidade e forma), mas igualmente a excelência da decisão que deve acatar os princípios preconizados pela Constituição: moralidade, impessoalidade, publidade e eficiência, dos quais decorre, implicitamente, os princípios da proporcionalidade e da razoabilidade.

Neste mesmo diapasão, o inciso X do art. 93 da Constituição Federal, com a redação que lhe deu a Ementa Constitucional n. 45, de 2004, exige-se que as decisões administrativas dos tribunais sejam motivadas e em sessão pública. É a tendência de se exigir a maior transparência possível da atividade administrativa, inclusive dos tribunais, sem a realização das sessões secretas que ganharam notoriedade negativa para as nossas cortes de justiça.

A interpretação deste dispositivo, porém, não deve ser isolada, mas em consonância com os fins que os próprios princípios constitucionais preconizam. Assim, nada impede que haja sessão reservada, quando o interesse público exigir, limitar a presença em determinados atos, às próprias partes e a seus advogados, conforme preconiza o inciso IX do art. 93 da Constituição. Por ser evidente, deve haver justificativa, equivale dizer, motivação, sob pena de nulidade, quando ao "interesse público exigir". A decisão que decidir pela limitação da presença de público deve ser suficientemente motivada.

Finalmente, não há como esgrimir da acusação de ato desvio abuso de poder se não estiver fundamentado.

A jurisprudência do Excelso Supremo Tribunal Federal é significativa no particular, como neste acórdão:

> "RECURSO EXTRAORDINÁRIO — PRESSUPOSTO ESPECÍFICO DE RECORRIBILIDADE. A parte sequiosa de ver o recurso extraordinário admitido e conhecido deve atentar não só para a observância aos pressupostos gerais de recorribilidade como também para um dos específicos do permissivo constitucional. Longe fica de vulnerar o artigo 6º, parágrafo único, da Constituição de 1969, acórdão em que afastado ato administrativo praticado com abuso de poder, no que revelou remoção de funcionário sem a indicação dos motivos que estariam a respaldá-la. Na dicção sempre oportuna de *Celso Antônio Bandeira de Mello*, mesmo nos atos discricionários não há margem para que a administração atue com excessos ou desvios ao decidir, competindo ao Judiciário a glosa cabível (Discricionariedade e Controle Judicial)." (RE n. 131.661/ES, Recurso Extraordinário, Relator(a): Min. Marco Aurélio, Publicação: DJ data: 17.11.95, p. 39.209, Ement. Vol. 01809-06, p 1.393, julgamento: 26.9.95 — Segunda Turma)

1.2.8. Princípio da supremacia do interesse público sobre o particular

Sempre que houver a necessidade de sacrificar um interesse individual e um interesse público, prevalecerá a supremacia do interesse público. As prerrogativas preconizadas pelo direito material e pelo direito processual, conferidas à administração pública visam a instrumentá-la para a defesa do interesse público.

Não há que se confundir interesse público e interesse da administração pública. O interesse público se refere àqueles da coletividade, equivale dizer, interesses dos beneficiários da atividade administrativa, enquanto o interesse da administração se diz respeito àqueles dos entes e órgãos da administração pública. Eis a razão pela qual proclama a doutrina de *Celso Antônio Bandeira de Mello*(5) que *a administração pública não é titular do interesse público, mas apenas sua guardiã; ela tem que zelar pela sua proteção. Daí a indisponibilidade do interesse público.*

Com efeito, arremata este autor na mesma obra *Celso Antônio Bandeira de Mello:*

> "Em face do exposto, fácil é ver-se que as prerrogativas inerentes à supremacia do interesse público sobre o interesse privado só podem ser manejadas legitimamente para o alcance de interesses públicos; não para satisfazer apenas interesses ou conveniências tão-só do aparelho estatal e muito menos dos agentes governamentais."

1.2.9. Princípios da proporcionalidade e da razoabilidade

1.2.9.1. Origem e definição

Os princípios da proporcionalidade e da razoabilidade são instrumentos da "hermenêutica pós-positivista" que privilegia a ponderação dos princípios e dos valores plasmados na Constituição Federal, quando se busca solucionar os litígios, equivale

(5) *Elementos de direito administrativo.* São Paulo: RT, 1991. p. 24.

dizer, sua aplicação tem profundo sentido prático no dia-a-dia dos tribunais. São eles poderosos veículos para a concretização dos direitos consagrados na Constituição; os elementos que os distinguem servirão para realçar as nuanças na aplicação prática de um e de outro, quando se fará necessário certo fechamento da textura aberta que a ambos caracteriza.

O termo proporcional tem origem na Língua Latina: *proportionalis, de proportio*, cujo significado é proporção, relação, no sentido do que se mostra numa relação de igualdade ou de semelhança entre várias coisas. É a qualidade ou propriedade do que é proporcional. Proporcional é o mesmo que proporcionado, ou disposto regularmente, bem conformado, harmônico.

Deve-se a *Daniel Sarmento*(6) a localização das origens remotas do princípio da proporcionalidade que aponta as noções de "justa medida" ou "justa proporção" existente na "filosofia clássica da Antiguidade", em decisões do *Conséil d'État* francês, atinentes ao desvio de poder da autoridade administrativa, em seus substratos mais recentes, chegando às decisões da Corte Constitucional alemã, após segunda Guerra Mundial, como marco zero da constitucionalização do princípio:

> "A preocupação da Corte Constitucional germânica com a proteção dos direitos fundamentais diante dos possíveis abusos do legislador, levou-a a transplantar, para o direito constitucional daquele país, o princípio da proporcionalidade — às vezes também denominado como princípio da proibição — que passou a ser utilizado com freqüência como parâmetro para o controle de constitucionalidade das leis."

A matriz jurisprudencial germânica da moderna acepção do cânone da proporcionalidade ou do "princípio da proibição do excesso", como passou a ser invocado pelo Tribunal Constitucional, é que foi possível "alçá-lo à categoria de princípio constitucional implícito", como ressaltam *Helenilson Cunha Pontes*(7) e *Ricardo Aziz Cretton*(8).

O princípio da razoabilidade teria origem no direito anglo-saxão e na cláusula do *due process of law*, desde que a Magna Carta de 1215, passando pela alteração da frase *legem terrae* para a expressão *due process of law*, em 1354, chegando enfim à Constituição Norte-Americana com as Emendas V e XIV, aprovada em 1855(9).

Das lições de *Daniel Sarmento*, na obra retro, percebe-se que a evolução do devido processo legal para uma concepção substantiva deu-se na jurisprudência da Suprema Corte Norte-Americana, a partir da solução de casos relativos às liberdades econômicas dos quais foram transpostos para os direitos fundamentais, a partir da

(6) *A ponderação de interesses na Constituição Federal*. Rio de Janeiro: Lumen, 2002. p. 80.

(7) *O princípio da proporcionalidade no direito tributário*. São Paulo: Dialética, 2000. p. 46-47.

(8) *Os princípios da proporcionalidade e da razoabilidade e sua aplicação no direito tributário*. Rio de Janeiro: Lumen, 2001. p. 58.

(9) PIMENTA, Paulo Roberto Lyrio. *A razoabilidade das leis tributárias nos tribunais*. In Tributos e direitos fundamentais. (Org. Otávio Campos Fischer). São Paulo: Ed. Dialética, 2004. p. 296-297.

década de 1930. É o que se observa durante os litígios sobre "direitos e liberdades civis" ocorridos nas décadas de 60 e 70, transformando-se, desde então, "num poderoso instrumento para a defesa dos direitos constitucionais do cidadão norte-americano diante dos caprichos do legislador":

> "Assim, muito embora a maleabilidade inerente à cláusula do *due process of law* torne difícil sua conceituação precisa, é possível afirmar que a aplicação deste princípio tem permitido ao Poder Judiciário, no direito norte-americano, o exercício do controle sobre a razoabilidade e a racionalidade das leis, sobretudo, daqueles que repercutem sobre direitos fundamentais."

Houve, portanto, uma transposição do cânone do princípio da razoabilidade nas decisões da Suprema Corte Norte-Americana desde as liberdades econômicas para os direitos fundamentais, sob a inspiração da cláusula do *substantive due process of law*.

A razoabilidade é a qualidade do que é razoável. Razoável é conforme à razão, racionável, ou o que é aceitável, por ser moderado e comedido, justo, legítimo.

Depreende-se que não é nada fácil emitir uma noção precisa ou construir uma definição do princípio da razoabilidade e da proporcionalidade. Daí, os autores se limitarem a traçar elementos que permitem distingui-los.

Chega-se a negar-lhes a qualidade de princípios, relegando-os a meros "postulados normativos", como faz *Humberto Ávila*[(10)]:

> "Com efeito, o postulado da proporcionalidade pressupõe a relação de causalidade entre o efeito de uma ação (meio) e a promoção de um estado de coisas (fim). Adotando-se o meio, promove-se o fim: o meio leva ao fim. Já a utilização da razoabilidade como exigência de congruência entre o critério de diferenciação escolhido e entre a medida adotada há uma relação entre uma qualidade e uma medida adotada: uma qualidade não leva à medida, mas é um critério intrínseco dela."

Assim, enquanto a aplicação do princípio da proporcionalidade pressupõe uma relação de causalidade meio-fim no ato interpretado (com o exame destes elementos em que a proporcionalidade se desdobra: adequação, necessidade e proporcionalidade no sentido estrito), a razoabilidade opera apenas no balizamento entre o critério e a medida adotados no ato interpretado, na busca do dever de eqüidade, de congruência ou de equivalência intrínsecos do ato.

Interessante a observação de *Willis Santiago Guerra*[(11)]:

> "São diversos os dois princípios na origem e em sua destinação; enquanto o da razoabilidade teria uma função negativa (não ultrapassar os limites do

(10) *Teoria dos princípios:* da definição à aplicação dos princípios jurídicos e de excessividade de leis. São Paulo: Malheiros, 2003. p. 101-103.

(11) *Op. cit.*, p. 85.

juridicamente aceitável), o da proporcionalidade seria assinalado por uma função positiva (demarcar aqueles limites indicando como nos mantermos dentro dele)."

O professor *Helenílson Cunha Pontes*(12) faz um resumo interessante das distinções entre os princípios da proporcionalidade e razoabilidade, sistematizando-as por meio de critérios pertinentes que vale a pena colacionar:

> "1) é maior na proporcionalidade que na razoabilidade a exigência de motivação racional da decisão que os aplica; 2) quanto ao conteúdo, a proporcionalidade exige um juízo acerca da relação meio-fim, no que prescinde a razoabilidade; 3) quanto à natureza, a razoabilidade consubstanciaria o princípio geral de interpretação, enquanto a proporcionalidade consolidaria verdadeiro princípio jurídico material, decorrente do Estado Democrático de Direito; 4) quanto às funções eficaciais, a razoabilidade teria função de bloqueio, e a proporcionalidade, além desta, desempenharia também uma função de resguardo."

Não se pode esquecer daqueles que sustentam inexistir qualquer distinção entre os princípios da proporcionalidade e razoabilidade, como *Luiz Roberto Barroso* (2003, p. 36), para quem o princípio da razoabilidade depois de percorrer o direito anglo-saxão chegou ao debate nacional amadurecido pela experiência alemã, que o transvestiu com a argumentação romano-germânica e batizou-o de princípio da proporcionalidade. Arremata que "a proporcionalidade nada mais é que uma outra designação para a razoabilidade, ambos irmanados em essência".

Depreende-se dos ensinamentos acima que o princípio da razoabilidade tem uma textura mais subjetiva, operante no nível hermenêutico em si, enquanto o princípio da proporcionalidade (a proibição do excesso) adquire natureza material e substancial, com aplicação objetiva no balanceamento de valores e princípios, normalmente à vista de atos de autoridade.

Enfim, tanto o princípio da razoabilidade quanto o da proporcionalidade se conjugam na qualificação de *princípios de interpretação constitucional*, sob o espaço da *hermenêutica pós-positivista*. Assim, nas hipóteses em que a técnica unidirecional de subsunção — tida como insuficiente para a solução concreta dos casos difíceis ou *hard cases* — dá lugar a um processo mais complexo de *ponderação de princípios e valores*, na busca da decisão mais justa.

De sorte que o reconhecimento da superação do "silogismo da subsunção" que pautou o positivismo na metodologia da aplicação do direito até recentemente, faz surgir a técnica da *ponderação de valores e princípios* como a mais adequada à solução das controvérsias de difícil deslinde, trazendo à tona, daí, os princípios da proporcionalidade e da razoabilidade como importantes postulados normativos de interpretação e aplicação do direito.

---

(12) *Op. cit.*, p. 90.

1.2.9.2. Princípio da razoabilidade

O princípio da razoabilidade não está previsto expressamente na Constituição Federal, pois para muitos decorre do princípio do devido processo legal (CF/88, art. 5º, LIV), vinculado à legitimidade na produção e aplicação do direito, tanto que qualquer desvio vicia a norma, no primeiro aspecto, ou o ato judicial e administrativo, no segundo.

A sociedade é a fonte e ao mesmo tempo destinatária do direito, isto é, inexorável. Logo, a norma jurídica só será legítima se concretizar os interesses e valores imanentes da própria sociedade, ou valores que a sociedade reputa relevantes e dignos de tutela.

Os conceitos jurídicos, porém, são abstratos e vão se concretizar, à medida que a norma sofre um processo de densificação que a torna exigível. Este processo de densificação se verifica pela inserção de elementos novos na espécie normativa. Na norma constitucional, os elementos são genéricos ou de pouca densidade; na lei ordinária, ou espécie normativa equivalente, ganham novos elementos mais densos e de maior concretude; na norma regulamentar e, enfim, no ato jurídico particular tais elementos são específicos e concretos (administrativo ou judicial). Em todas estas etapas não se pode desviar do fim último, qual seja, refletir os interesses da sociedade. Só assim serão *razoáveis*, tais elementos.

Afinal, ensinam os doutos: "*As regras jurídicas do Direito são instrumentos práticos, elaborados e construídos pelos homens, para que, mediante seu manejo, produzam na realidade social uns certos efeitos, precisamente o cumprimento dos propósitos concebidos.*"(13)

É que não se concebe o direito afastado ou distante das necessidades sociais, pois a *Ciência jurídica banha-se no humano. Seu objeto é o próprio humano, com suas necessidades, suas fraquezas, suas incertezas*(14).

A compreensão da vida humana em sociedade envolve a descoberta de uma enorme complexidade de valores e interesses que, temperados por sensações e emoções, acabam por gerar conflitos.

É por isso que o professor *Luiz Regis Prado*(15) ensina que:

> "Os atos humanos, apesar de produzirem efeitos, trazem em si uma dimensão desconhecida da natureza — têm sentido e significação e se relaciona com a valoração. E continua: Neste sentido, a produção dos conteúdos jurídicos, tanto das normas gerais quanto das individuais, deve reger-se pela lógica humana ou lógica do razoável, assim denominada a disciplina do pensamento dirigida à ação humana, à solução da problemática referente à atividade humana." (grifei)

(13) SICHES, Luis Recaséns. *Nueva filosofía de la interpretación del Derecho*. México: Porrúa, 1973. p. 277. Tradução minha.

(14) PRADO, Luiz Regis. Do deôntico ao razoável: ensaio de lógica jurídica. *Revista de Ciência Jurídica*, n. 1, p. 35, ano III, 1999.

(15) *Op. cit.*, p. 36-37.

A partir das idéias que notabilizaram *Luis Recaséns Siches* em sua magnífica obra de Filosofia do Direito, em que destaco o livro *Nueva Filosofia de la Interpretación del Derecho*[16], o princípio da razoabilidade influiu na evolução da jurisprudência norte-americana, sob marca da transição do *procedural due process of law* para o *substantive due process of law*, estendendo o devido processo legal para garantia do direito material, assegurando *que a sociedade só seja submetida às leis razoáveis, as quais devem atender aos seus próprios anseios (da sociedade), demonstrando assim sua finalidade social.*

Com este avanço, ensina *Raphael Augusto Sofiati de Queiroz*[17], tornou-se possível o exame do mérito dos atos da administração pública, ainda que qualificados pelo uso do poder discricionário.

Isto porque, apesar de não se poder estabelecer concretamente a síntese do princípio da razoabilidade, se pode dizer que há nele a idéia de compatibilizar os meios empregados pelo Estado para atingir determinados fins de interesse público sem gravar, ou trazendo menor ônus, à liberdade do particular.

Há, porém, um receio na aplicação do princípio da razoabilidade, pois, à primeira vista, apresenta-se carente de um critério objetivo. Isto tem exigido esforço dos doutrinadores a fim de buscar bases sólidas para a sua caracterização, por intermédio de elementos objetivos, especialmente quanto aos atos do Poder Público, pois, a noção de razoabilidade é extremamente abstrata.

A valoração crítica dos elementos introduzidos nas normas infraconstitucionais, no processo de sua *densificação*, é que vai permitir aquilatar o grau de razoabilidade normativo. Se neste *iter* for inserido um elemento não razoável, a norma ou o ato normativo perde a *legitimidade*, pois tal elemento não corresponde ao interesse público.

No que se refere ao ato administrativo, o princípio da razoabilidade funciona como limite do poder discricionário da administração pública, contribuindo para um satisfatório atendimento ao interesse público.

O professor *Diogo de Figueiredo Moreira Neto*[18] ressalta que:

> "[...] em se tratando da discricionariedade tem que haver uma relação de pertinência entre oportunidade e conveniência, de um lado, e a finalidade, de outro. Para si, a razoabilidade, agindo como um limite à discrição na avaliação dos motivos exige que sejam eles adequados, compatíveis e proporcionais, de modo a que o ato atenda à finalidade pública específica; agindo como um limite à discrição na escolha do objeto, exige que ele se conforme fielmente à finalidade e contribua eficientemente para que ela seja atingida."

---

(16) SICHES, Luis Recaséns. *Nueva filosofía de la interpretación del Derecho*. México: Porrúa, 1973. p. 187. Tradução minha.

(17) QUEIROZ, Raphael Augusto Sofiati de. *Princípio da razoabilidade e da proporcionalidade das normas*. Rio de Janeiro: Lumen Juris, 2000. p. 41-44.

(18) *Legitimidade e discricionariedade*. Rio de Janeiro: Forense, 1989. p. 40.

Para o professor *Celso Antônio Bandeira de Mello*[19], o princípio da razoabilidade funciona igualmente como limite à discricionariedade administrativa. Sustenta que a lei outorga poder discricionário à administração pública para que, diante do caso concreto, o administrador adote a melhor solução a fim de atender o interesse público, eis que *repugnaria ao senso normal dos homens e a existência de discrição administrativa fosse um salvo-conduto para a Administração agir de modo incoerente, ilógico, desarrazoado e o fizesse precisamente a título de cumprir uma finalidade legal.*

No direito positivo brasileiro, encontra-se explicitamente contemplada a exigência do emprego do princípio da razoabilidade no art. 111 da Constituição do Estado de São Paulo[20]; de maneira implícita na alínea *d*, do parágrafo único do art. 2º da Lei 4.717, de 29.6.65, que considera inexistente o motivo quando a matéria de fato ou de direito em que se fundamenta o ato é materialmente inexistente ou juridicamente inadequada ao resultado obtido; o art. 2º da Lei n. 9.784, de 29.1.99 que disciplina o processo administrativo federal insere a razoabilidade entre os seus princípios jurídicos.

1.2.9.3. Princípio da proporcionalidade

O princípio da proporcionalidade não está previsto na Constituição. Não se pode colocar em dúvida, porém, a sua utilidade, o seu emprego e atuação para interpretar e aplicar os Direitos Fundamentais, conforme autoriza o seu § 2º do art. 5º da CF/88.

No ordenamento jurídico, a norma do art. 2º da Lei n. 9.784, de 29.1.99 que disciplina o processo administrativo federal contempla a proporcionalidade entre os seus princípios jurídicos.

A doutrina ainda não se desincumbiu da tarefa de conceituar o princípio da proporcionalidade, limitando-se a apontar as suas características e seus fins. Neste sentido, o professor Dr. *Paulo Bonavides*[21] inspirando-se em *Pierre Müllher*, ensina que *(...) o princípio se caracteriza pelo fato de presumir a existência de relação adequada entre um ou vários fins determinados e os meios que são levados a cabo.*

Assim, haverá violação do princípio da proporcionalidade toda vez que os meios empregados destinados a realizar um fim não forem por si mesmos apropriados. Se os meios empregados exigirem sacrifícios superiores aos fins úteis da medida desejada, ficará caracterizada a violação do princípio. A conexão e o equilíbrio entre fins e meios decorrem do caráter finalístico do direito.

Na busca de possibilitar a melhor compreensão do conteúdo do princípio da proporcionalidade, o professor Dr. *Paulo Bonavides*[22] destaca três elementos do princípio da proporcionalidade:

---

(19) *Controle jurisdicional dos atos administrativos.* RDP 65/27-38 e *Legalidade, Discricionariedade.* Seus limites e controles. RDP 86/42-59.

(20) Art. 111. A administração pública direta, indireta ou fundacional, de qualquer dos Poderes do Estado, obedecerá aos princípios de legalidade, impessoalidade, moralidade, publicidade, razoabilidade, finalidade, motivação e interesse público.

(21) *Curso de direito constitucional.* São Paulo: Malheiros, 2003. p. 303.

(22) *Op. cit.* p. 397.

"a) a pertinência ou aptidão — cumpre perquirir, se determinada medida é adequada para alcançar um fim desejado; b) necessidade — a medida escolhida não pode exceder os limites indispensáveis para atingir o fim que se almeja, ou seja, deve ser dosada para alcançar o fim pretendido — entre dois males, faz-se mister escolher o menor; c) proporcionalidade propriamente dita — levando-se em conta os interesses em jogo, conjuga-se ao mesmo tempo as idéias de obrigação e interdição. "Obrigação de fazer uso dos meios adequados e interdição quanto ao uso dos meios desproporcionais." [...] É em função do duplo caráter de obrigação e interdição que o princípio da proporcionalidade tem o seu lugar no Direito, regendo todas as esferas jurídicas e compelindo os órgãos do Estado a adaptarem todas as suas atividades e meios de que dispõem aos fins que buscam e aos efeitos de seus atos. A proporção adequada se torna assim condição de legalidade. Enfim, a ilegalidade ou a inconstitucionalidade da medida decorre da medida excessiva, injustificável que não cabe na moldura da proporcionalidade."

O professor *Willis Santiago Guerra Filho*[23] ensina que o princípio da proporcionalidade se apresenta na doutrina do direito constitucional alemão, em íntima colaboração com a jurisprudência constitucional nos três aspectos: *proporcionalidade no sentido estrito, adequação e exigibilidade*. A sua aplicação sempre tem em vista os fins pretendidos nas disposições constitucionais a serem interpretadas. Assim, o meio escolhido deve ser adequado para alcançar o resultado pretendido, conforme a utilidade ao fim almejado. Segue-se a comprovação da exigibilidade do meio que se mostra "o mais suave" ou "menos agressivo", dentre os diversos disponíveis, quanto aos valores constitucionalmente protegidos que eventualmente venha colidir com aquele consagrado na norma interpretada. O respeito ao princípio da proporcionalidade se mostra adequado sempre que o meio a ser empregado se mostrar mais vantajoso, para a promoção de certos valores com mínimo de desrespeito àqueles que a ele se contraponha.

Por evidente, na esfera administrativa não se admitem medidas desproporcionais por circunstâncias que suscitam o ato administrativo porque representaria um extravasamento de competência, eis que em todo ato desproporcionado, ou excessivo, há por definição um excesso em relação à competência, pois não aguarda a correlação com ela, porque o administrador ultrapassa o necessário para se desincumbir do dever de bem cumprir a lei.

Ensina *Maria Sylvia Zanella Di Pietro*[24] que a proporcionalidade *"deve ser medida não pelos critérios pessoais do administrador, mas segundo padrões comuns da sociedade em que vive; e não pode ser medida diante dos frios termos da lei, mas diante do caso concreto"*.

Por ser evidente, ainda que a norma legal deixe espaço livre para a decisão administrativa, segundo critério de oportunidade e conveniência, esta liberdade fica mitigada para adequar a conduta à melhor solução, pois do contrário o ato é inadequado para alcançar a finalidade do Direito, equivale dizer, em violação ao princípio da desproporcionalidade.

---

(23) *Op. cit.*, p. 81.

(24) *Op. cit.*, p. 201.

II. *O PÓS-POSITIVISMO JURÍDICO E A DISCRICIONARIEDADE ADMINISTRATIVA*

2.1. A evolução do positivismo jurídico para pós-positivismo

Não se pretende neste ponto uma análise minuciosa e completa da evolução pela qual passou o Direito. O objetivo é enfocar uma das mais atuais mudanças ocorridas, exatamente do positivo jurídico para o pós-positivismo, com sérios reflexos no controle da discricionariedade administrativa.

O positivismo na ciência do direito (meados do século XIX ao início do século XX) caracteriza-se pelo seu empenho em banir toda a metafísica do mundo da ciência e em restringir rigorosamente esta última aos fatos e às leis destes fatos, considerados empiricamente, destacando-se como um dos seus mais importantes cânones: a desconexão do Direito com a ética e a moral.

A conseqüência deste postulado é que, para o positivismo, o Direito é um conjunto de regras. Os seus comandos obrigam e se impõem coercitivamente, ainda que algumas destas regras se revelem injustas.

A doutrina positivista fortaleceu imensamente o elemento cepticista ou de descrença da filosofia. Os adeptos desta escola chegavam a dizer que "filosofar não faz sentido, nem tem qualquer valor"[(1)]. Daí, o declínio sofrido pela filosofia no século XIX e início do século XX, para a construção e evolução do próprio Direito e para a hermenêutica ou como instrumento de sua interpretação e aplicação. Para os positivistas o que interessa é a análise sistemática e empiricamente idônea dos materiais jurídicos positivos, porque o único objeto da ciência do Direito é o direito positivo. Despreza-se tudo o mais.

O ideal do positivismo jurídico seria uma ordem jurídica que se resumiria em leis ou regras claras, objetivas e por demais completas que alcançariam a disciplina de condutas humanas ou das relações da sociedade com o Estado, sem que houvesse espaço para lacunas e vazios jurídicos, porque o ordenamento jurídico positivo contemplaria absolutamente tudo. É a completude do direito. Realçava muito bem o ideal da escola positivista os comentários de *Clóvis Bevilacqua*[(2)] ao art. 7º da Lei de

---

(1) AMORIM, Letícia Balsamão. Princípio do estado de direito à luz do pós-positivismo. *Revista de Direito Constitucional e Internacional*, n. 52, p. 95, jul./set., 2006.

(2) *Comentários ao Código Civil*. Edição Histórica. Rio de Janeiro: Editora Rio, 1973. p. 115.

Introdução ao Código Civil que na versão original dispunha que: *Aplicam-se aos casos omissos, as disposições concernentes aos casos análogos, e, não as havendo, os princípios gerais de direito.* Comentando o dispositivo *Clóvis* ressalta que *o sistema do Código é o seguinte: a lei é a fórmula por excelência do direito, num segundo plano e subsidiariamente acha-se o costume; o domínio da lei ilumina-se e dilata-se pela interpretação.* Assim, as decisões para os casos complexos e não albergados expressamente pelo legislador, o intérprete buscaria soluções dentro do complexo de regras — analogia — ou nos princípios gerais de direito que pressupunham princípios explícitos, ou positivados na regra.

Preconiza-se, então, que a justiça poderia ser administrada por um autômato, porque não haveria espaço para a interpretação ou a formulação de raciocínios jurídicos, pelo juiz, na apreciação do caso concreto, porque o legislador, na sua onipotência e onipresença, teria preconizado completamente as formas de prevenção ou de solução dos conflitos de interesses.

Para a teoria do positivismo normativista de *Kelsen*[3], o *Direito é concebido como um sistema de normas que regula a conduta humana.* Assim, o sistema estaria estruturado de forma hierárquica, de maneira que cada norma retira sua validade de uma norma superior, até que se chegue ao ápice deste sistema, onde encontramos a "norma hipotética fundamental", que valida todas as demais normas. A partir desta concepção, *Kelsen* buscou isolar o Direito dos demais ramos das ciências humanas, com vistas à construção de uma ciência autônoma. Para compreensão do Direito basta conhecer as normas que compõem o sistema normativo, não sendo necessário indagar sobre os valores ou sobre os fatos que legitimam ou sustentam o Direito. É suficiente conhecer as regras.

Refuta-se, na doutrina de *Kelsen*, qualquer idéia de que fosse necessário utilizar noções supralegais, metajurídicas, como faziam os jusnaturalistas, para a realização da justiça. Despreza-se, então, valores universais e imutáveis, precedentes às regras de direito, como contidos nos princípios da dignidade da pessoa humana, da igualdade e solidariedade. Segundo *Kelsen*, não há como se demonstrar empiricamente o que é justo.

Hart, um positivista considerado moderno já buscava afastar a idéia de que o Direito nada mais era do que um conjunto de ordens providas de coerção. As normas seriam obedecidas não porque alguém tinha força de impô-las, mas porque alguém tinha autoridade para estabelecê-las. Entretanto, esta autoridade foi conferida por uma norma que foi aceita por aqueles que a elas se submeteram.

Tem-se assim, que tanto para *Kelsen*, como para *Hart*, o direito está estruturado a partir, tão-somente, de normas. É suficiente que as normas sejam emanadas de alguém que tenha a competência para produzi-las; que a sua elaboração obedeça ao processo previamente estabelecido; e que estejam em consonância com os mandamentos da norma hipotética superior. Este é o fundamento da validade e eficácia do Direito (como conjunto de regras).

---

(3) *Teoria pura do direito*. Rio de Janeiro: Forense, 1962. p. 54.

O positivismo tem como base a análise apenas de casos fáceis que encontram uma resposta imediata no ordenamento jurídico. Relativamente aos casos considerados difíceis, ou aqueles que demandam escolha dramática ou uma valoração, são excepcionais e para decidi-los o juiz irá utilizar de precedentes ou vai valorar o caso de acordo com a sua própria convicção e criar um direito para o caso concreto.

O pós-positivismo[4] muda o enfoque dos problemas porque presta especial atenção à indeterminação do direito. É equivocada a idéia de completude do Direito com fundamento exclusivamente em regras. Desloca, então, o centro de atenção dos casos claros ou fáceis para os casos difíceis.

O centro de atenção do pós-positivismo é a indeterminação do direito e a solução de casos indetermináveis. Os casos difíceis não são vistos como excepcionais para o estudo do direito e passam a ocupar o centro de preocupação da teoria do direito. O objetivo da teoria do direito será o de determinar a decisão mais adequada, mais razoável para os casos difíceis, evitando o arbítrio, as preferências pessoais do magistrado, na hora de decidir aqueles para os quais o ordenamento jurídico não pode dar uma resposta imediata. É a tentativa de reabilitar a razão prática.

Assim, não será surpresa se o pós-positivista se socorrer de outras disciplinas, como da filosofia, da moral e da ética, da política, da economia, da psicologia, da medicina para resolver os problemas de acordo com um contexto de justificação superior à mera intuição do juiz.

Roland Dwourkin insiste na leitura moral da Constituição, dando relevância ao papel da moral na leitura dos problemas constitucionais e denunciando a hipocrisia do pressuposto de neutralidade proposto pelo positivismo.

O ponto mais relevante do pós-positivismo é o resgate da relação do Direito, com a Moral e com a Ética.

Com efeito, já se registrou que, de acordo com o positivismo, o Direito não perde a sua juridicidade por ser injusto. O pós-positivismo, ao contrário, tenta deslocar este posicionamento introduzindo a noção de que as questões morais e éticas são relevantes para o raciocínio jurídico e que, portanto, há uma relação intrínseca entre moral, ética e direito.

Esta relação é nitidamente perceptível pela análise dos princípios constitucionais, especialmente frente aos direitos fundamentais, como o princípio da dignidade da pessoa humana, o princípio da igualdade, princípio da solidariedade social, princípio da liberdade. Estes princípios contemplam valores abstratos e por isso mesmo requerem decisões racionais para atribuir-lhes significado e uma justificação ética e moral.

Como já ressaltado no Capítulo I, itens 1.4 e 1.5, os princípios jurídicos ganharam, com o pós-positivismo, o *status* de normatividade. A partir desta evolução,

---

(4) "Designação provisória e genérica de um ideário difuso, no qual se incluem a definição das relações entre valores, princípios e regras, aspectos da chamada nova hermenêutica constitucional, e a teoria dos direitos fundamentais, edificada sobre o fundamento da dignidade da pessoa humana." (cf. Luis Roberto Barroso. *Op. cit.*, p. 336).

a doutrina conceitua o Direito como um conjunto de princípios e normas. A noção de norma engloba os princípios e regras. O modelo positivista não era suficiente para dar concretização a esses princípios, pois a sua técnica hermenêutica do silogismo só é possível ser aplicada às normas (regras) do tipo "tudo ou nada". E é justamente com o uso de métodos pós-positivistas (tópica, método concretista, ponderação, entre outros) que os princípios passaram a ter um papel relevante, não mais secundário ou subsidiário, para se tornarem normas efetivas e de aplicabilidade imediata.

Os princípios fazem referência à justiça e à eqüidade, dando razão para decidir num determinado sentido; ao contrário das regras que são aplicáveis ou não. É o "tudo ou nada". O conteúdo material do princípio, levando-se em conta o seu peso, é que vai determinar quando deve ser aplicado ou não, frente à solução do caso concreto.

Os princípios por serem normas com uma hipótese abstrata e abrangente acabam por reaproximar o direito das teorias éticas e morais. Com isso, o Direito deixa de ser ciência neutra e vazia de conteúdo para se tornar uma ciência que está delimitada por um limite material.

Assim, diante do caso difícil ou daqueles mergulhados em incertezas em face das normas contraditórias, o juiz não criará uma decisão, mas socorrer-se-á de princípios normativos e a sua tarefa será a de justificar racionalmente a escolha de um determinado princípio frente ao caso concreto. Se houver colisão entre dois princípios, sopesará os valores e interesses em jogo e decidirá qual deles vai prevalecer sobre o outro, na solução do caso concreto, porque busca a solução mais justa.

Superado o auge do positivismo jurídico e das suas limitações, embora o positivismo ainda não tenha desaparecido, o pós-positivismo vem demonstrar que as normas não se sustentam apenas pelo aspecto formal, porque deve ser analisado o conteúdo, sendo necessário que as normas sejam materialmente conforme os valores e princípios norteadores do ordenamento jurídico.

Não se está a negar que o Estado de Direito se sujeita ao princípio da legalidade. O que se quer ressaltar é que não há mais razão para numa legalidade estrita e puramente formal; mas, submetido ao império da lei como instrumento capaz de realizar a justiça e a igualdade, pela busca da igualdade de condições entre os socialmente desiguais.

A função do Direito num Estado de Direito material é de assegurar o desenvolvimento da personalidade do indivíduo, intervindo na vida social, econômica e cultural.

2.2. *A discricionariedade administrativa no pós-positivismo jurídico*

A discricionariedade administrativa não está isenta dos reflexos das concepções do pós-positivista jurídico.

Sabidamente, a discricionariedade administrativa teve por berço o Estado liberal, apogeu do princípio da legalidade estrita, império do positivismo jurídico. A situação inverteu-se na medida em que o Estado se viu obrigado a intervir em inúmeras atividades estranhas às atividades estatais típicas, como educação, saneamento, moradia, assistência à saúde; proteção à infância, à adolescência, à pessoa portadora de necessidades especiais, ao idoso etc.

Esta concepção — *Welfare State* — do Estado pós-moderno acarretou, ainda, a exigência de constante intervenção do Estado na ordem econômica social (relações de trabalho e consumo e seguridade social), avançando na regulação e controle de atividades econômica e financeira; desenvolvendo políticas públicas que garantam a liberdade de mercado e o desenvolvimento urbano e rural, paralelamente à proteção e preservação de bens e valores socialmente relevantes como o meio ambiente sustentável, o patrimônio público, histórico, artístico, paisagístico e cultural.

Neste contexto, dir-se-á que há substituição da noção de legalidade estrita dos atos administrativos (positivismo) pelo princípio da sua juridicidade (pós-positivismo). A atividade discricionária para legitimar-se, portanto, deve atender a esta concepção principiológica do direito, pois, além de submeter os seus atos à conformidade das regras, exige-se para a sua produção que não contrarie os princípios constitucionais.

Neste sentido, a dicção do art. 37 da Constituição Federal ao contemplar, de forma explícita, os princípios da legalidade, impessoalidade, moralidade, publicidade, eficiência e, de forma implícita, os princípios da razoabilidade e da proporcionalidade, do controle jurisdicional dos atos administrativos (CF/88, art. 5º, XXXV), da responsabilidade civil do Estado por danos causados aos cidadãos (CF/88, art. 37, § 6º), além daqueles que decorrem dos valores que a Constituição adota: uma sociedade livre, justa e solidária, desenvolvimento nacional, erradicação da pobreza, redução da desigualdade sociais e regionais, os valores sociais do trabalho e da livre iniciativa (CF/88, art. 5º, § 2º).

É a dimensão do Estado Democrático de Direito a sua base jurídico-constitucional. Assim, além das regras, vamos encontrar um complexo de princípios dispersos pelo texto constitucional que se inter-relacionam e que servirão de fundamento e parâmetro para toda a ordem jurídica infraconstitucional, de modo que qualquer ato administrativo que não estiver conforme a ordem constitucional será inconstitucional.

III. *A DISCRICIONARIEDADE ADMINISTRATIVA*

3.1. Considerações gerais

Repousa no Estado liberal a origem da discricionariedade administrativa que foi o apogeu do princípio da legalidade. Com efeito, o princípio da legalidade nasceu sob a inspiração da separação dos poderes, em que se assegurou a supremacia do legislador ordinário, em contraposição ao absolutismo monárquico. Poder-se-ia sustentar, então, que se substituiu a vontade pessoal do soberano, pela vontade soberana e impessoal da burguesia ("povo"), expressa na lei. Percebeu-se, porém, que o legislador não tinha o dom da onipresença, sendo impossível preconizar com eficiência todas as condutas possíveis e imagináveis a serem exigidas do administrador público ou do cidadão. Eis aí o fundamento para outorgar a este administrador público os poderes discricionários, sempre que exigida a sua atuação, naquelas situações em que o legislador não tivesse traçado todos os passos a serem seguidos, para a realização do interesse público.

As concepções do Estado Liberal, no decorrer do século XX, foram substituídas no Estado Democrático de Direito ou "Estado Social", em que o Poder Executivo passou a ter uma atuação ostensiva, em razão do caráter intervencionista do Estado como prestador de serviços e de assistência ao povo, em contraposição ao absenteismo estatal no período do liberalismo clássico, ou abstraído de qualquer intervenção em questões econômicas, sociais, culturais, meio ambiente, das relações de consumo e das relações de trabalho etc. Como decorrência natural, ampliou-se a discricionariedade ou a liberdade de atuação do Poder Executivo.

Ensina, então, *Germana de Oliveira Moraes*(1), juíza federal no Ceará, Doutora pela Universidade de Lisboa e Professora Coordenadora do Mestrado em Direito da Universidade do Ceará que:

> "O uso abusivo da ampliação da área de autonomia do Poder Executivo no Estado Social e o desrespeito aos direitos e garantias fundamentais ensejaram, de um lado, a necessidade de sujeitar os membros do Poder Legislativo à Constituição, e de outra parte, ocasionaram uma reação do Poder Judiciário contra os excessos e abusos dos administradores e dos feitores da lei."

(1) *Controle jurisdicional da administração pública*. São Paulo: Dialética, 1999. p. 22.

O que sustenta a ilustre professora é fundamentado pelo avanço, durante o século XX, dos mecanismos de controle de constitucionalidade das leis, por diversos métodos, pelo Poder Judiciário, além do controle jurisdicional dos atos administrativos.

No que se refere aos atos administrativos, os Tribunais começaram adotar critérios novos, superando a legalidade estrita, de controle interno do executivo, fazendo surgir uma "jurisprudência de princípios", a partir do manejo do princípio da *proporcionalidade*, oriundo dos países germânicos, e o princípio da *razoabilidade* dos países anglo-americanos.

Neste sentido, reveladora a jurisprudência do Excelso STF, no exercício do controle de constitucionalidade de ato do Presidente da República, ao emitir medidas provisórias, avaliando a Corte os requisitos de *relevância e urgência*, para declará-las inconstitucionais, quando concluir que não estão dentro dos parâmetros principiológicos da razoabilidade e proporcionalidade. Eis uma passagem de voto do Min. Sepúlveda Pertence, na ADI n. 1.753/DF:

> "[...] o caso faz retornar à mesa do Tribunal a questão de sindicabilidade jurisdicional da concorrência dos pressupostos da relevância e urgência para a edição da medida provisória. Jamais lhes conferiu a Corte a carta de total imunidade à jurisdição; pelo contrário, desde a primeira vez — malgrado lhes reconhecendo o inegável coeficiente de discricionariedade — o Tribunal advertiu — invocando *Biscaretti di Ruffia* — a possibilidade de controlar o abuso de poder [...]."

Este avanço permitiu liberar o juiz que, antes ficava restrito a verificar a legalidade dos atos administrativos; passou a examinar a sua conformidade ou compatibilidade com os princípios constitucionais.

Eis a sábia lição de *Carmem Lúcia Antunes Rocha*(2): *Mas o administrador público submete-se não apenas à lei, mas ao Direito, e este pode ser instrumentalizado por outros meios que não a lei formal.* Esta autora sustenta que a legalidade específica não exaure a *"juridicidade administrativa"*, porque esta guarda uma concepção que envolve todo o arcabouço do ordenamento jurídico, partindo da Constituição, Lei Maior, até o ato normativo emanado da entidade pública no exercício de sua função administrativo-normativa, hierarquicamente o mais inferior.

Observa-se na evolução da discricionariedade ainda persistir como fator que a caracteriza, a imunidade judicial em determinada área de atuação administrativa, quais sejam, sobre certos e determinados elementos dos atos administrativos que não são totalmente regrados. É visível, porém, a mitigação da liberdade e autonomia da administração pública, significando razoável perda de poder dos órgãos administrativos. De sorte que não subsiste mais a categoria de atos completamente discricionários puros, havendo mesmo quem afirme que desaparece a distinção entre as categorias dos atos vinculados e discricionários.

---

(2) *Princípios constitucionais da administração pública.* Belo Horizonte: Del Rey, 1994. p. 79.

3.2. *Definição de discricionariedade*

São diversas as definições de discricionariedade, sendo possível diferenciá-las, observando o critério de cada autor. Assim, tem-se o critério formal ou negativo, material ou positivo e o eclético, conforme a professora *Germana de Oliveira Moraes*[3]. A variação de definições, por evidente, depende da visão que o seu formulador tem acerca da discricionariedade.

Pelo critério formal ou negativo, define-se a discricionariedade conforme a margem de liberdade de decisão que é atribuída pela norma à administração, com a possibilidade de escolha entre várias soluções jurídicas. Neste sentido, *Enterría* e *Tomáz-Ramón Fernandez*[4] que a definem *como uma liberdade de eleição entre alternativas igualmente justas ou se prefere, entre indiferentes jurídicos porque a decisão se fundamenta em critérios extrajurídicos (de oportunidade, econômicos, etc.) não incluídos na lei e remetidos ao juízo subjetivo da Administração.*

Neste critério, pode-se enquadrar a noção de discricionariedade de *Eva Desdentado Daroca*[5] que a define como a *realização de eleições entre diferentes alternativas com a finalidade de exercer um poder conferido pelo ordenamento jurídico e que este, contudo, não tem regulado plenamente.*

E prossegue a mesma autora:

> "A discricionariedade é um *modus operandi* que caracteriza pelos seguintes traços: 1) supõe a adoção de decisões dentro de uma margem de livre apreciação consentida pelo ordenamento jurídico, 2) implica um ato de eleição sobre a base de argumentos valorativos acerca dos quais pessoas razoáveis podem diferir, e 3) a eleição se adota sempre conforme critérios valorativos extrajurídicos."

Enquadra-se nesta classificação a definição de discricionariedade de *José Cretella Jr.*[6]: *a faculdade que a lei outorga ao administrador para a edição de ato administrativo, consultando, para tanto, a oportunidade e conveniência, isto é, o mérito.*

Pelo critério material ou positivo, a idéia de possibilidade de escolha entre as várias alternativas que a lei oferece ao administrador, este terá que obedecer a certos parâmetros legais. De sorte que só existe "liberdade vinculada". A concepção positiva da discricionariedade tem por essência a ponderação valorativa do interesse público. Assim, o administrador tem que fazer uma opção em que prevaleça o interesse público. O seu formulador, *Massimo Severo Gianinni*[7], sustenta que a administra-

---

(3) *Op. cit.*, p. 39.

(4) *Curso de derecho administrativo*. 4. ed., v. I. Madrid (Espanha): Civitas, 1994, p. 447. Tradução do autor.

(5) DAROCA, Eva Desdentado. *Los problemas del control judicial de la discrecionariedad técnica*. Madrid (Espanha): Cuadernos Civitas, 1997. p. 22. Tradução do autor.

(6) *Controle jurisdicional dos atos administrativos*. 3. ed. Rio de Janeiro: Forense, 1997. p. 241.

(7) Cf. Germana de Oliveira Moraes. *Op. cit.*, p. 33.

ção deverá atuar tendo em vista a consecução do interesse público primário — ou interesse público geral, definido na ordem jurídica. No entanto, durante a atuação deverá sopesar os interesses secundários — públicos e privados que merecem ser levados em conta ou merecem ser sacrificados para a satisfação do interesse primário.

A teoria eclética foi adotada por *Renato Alessi*[8] que busca a definição de poder discricionário, associando três aspectos distintos e complementares: *a valoração do interesse público, a falta de determinação precisa na norma do que venha a ser o interesse público e a margem de liberdade de decisão atribuída pela norma à Administração.* Acrescenta que, uma vez definido que há interesse público em jogo, a administração não dispõe de qualquer potestade de valoração do interesse público em relação à oportunidade de agir ou não, onde sua atividade se diz vinculada. No caso inverso, de determinação imprecisa, à administração remanesce, de qualquer modo, a potestade de valorar a oportunidade de agir ou não; potestade que é mais ou menos ampla. Tal potestade de apreciação do interesse público com o fim de decidir a conveniência ou não da ação administrativa chama-se poder discricionário ou discricionariedade.

Numa tentativa de redefinição da discricionariedade, ou de recompor a teoria da discricionariedade administrativa a partir dos princípios constitucionais, em abandono à concepção puramente normativa ou positivista, a professora *Germana de Oliveira Moraes*[9] leciona que:

> "Discricionariedade é a margem de liberdade de decisão, conferida ao administrador pela norma de textura aberta, com o fim de que ele possa proceder, mediante ponderação comparativa dos interesses envolvidos no caso específico, à concretização do interesse público ali indicado, para, à luz dos parâmetros traçados pelos princípios constitucionais da Administração Pública e pelos princípios gerais de Direito e dos critérios não positivados de conveniência e de oportunidade: 1º) complementar, mediante valoração e aditamento, os pressupostos de fato necessários à edição do ato administrativo; 2º) decidir se e quando ele deve ser praticada; 3º) escolher o conteúdo do ato administrativo dentre mais de uma opção igualmente pré-fixada pelo Direito; 4º) colmatar o conteúdo do ato, mediante a configuração de uma conduta não pré-fixada, porém aceita pelo Direito."

É uma definição longa, mas que procura dar uma visão mais atual da atividade discricionária da administração pública, mitigando a antiga concepção de imunidade de controle externo dos atos da administração pública, pelo Poder Judiciário.

---

(8) R. Alessi. *Principii di diritto amministrativo*. Milano: Giuffrè, 1971. p. 237. Sustenta, ainda, este autor que *no caso de determinação precisa do interesse público, a Administração não dispõe de qualquer potestade de valoração do interesse público em relação à oportunidade de agir ou não, onde sua atividade se diz vinculada. No caso, inverso, de determinação imprecisa, à Administração remanesce, de qualquer modo, a potestade de valorar a oportunidade de agir ou não, potestade que é mais ou menos ampla, segundo o caso (...) Tal potestade de apreciação do interesse público com o fim de decidir a conveniência ou não da ação administrativa, chama-se poder discricionário ou discricionariedade.* Tradução do autor.

(9) *Op. cit.*, p. 42.

No Estado Democrático de Direito, a *legitimidade* dos atos do administrador requer uma atuação segundo o Direito pertinente e aplicável a cada situação concreta, com vistas sempre a atender o interesse público. A margem de escolha entre construir uma ponte, uma escola ou um hospital depende de variáveis que melhor atenda o interesse público, cuja competência é inerente à administração pública; porém, nunca pode acobertar ou dissimular interesses escusos do administrador, em detrimento do magno interesse da coletividade.

A atuação em desacordo com as normas constitucionais e legais, relegando-se os princípios fundamentais da administração pública, ou extrapolando a sua competência, ou desviando da finalidade, vicia o ato de *ilegitimidade* e o expõe à anulação pela própria administração ou pelo controle jurisdicional, mediante os meios processuais adequados.

A anulação, em sentido lato, dos atos administrativos no âmbito interno da administração ou o controle externo pelo Poder Judiciário dá-se pelo que se chama de *controle* que tem origem do termo francês *controle* intraduzível e não se encontrando similar na Língua Portuguesa em sentido técnico jurídico ou vulgar, incorporou-se ao nosso idioma. Registra *Hely Lopes Meirelles*(10) que *Seabra Fagundes* introduziu-o e consagrou na conhecidíssima monografia *O Controle dos Atos Administrativos pelo Poder Judiciário.*

3.3. O mérito do ato administrativo

A abordagem até aqui desenvolvida denota que o cerne da noção de discricionariedade é a liberdade de decisão do administrador público, mediante o emprego de ponderação comparativa de interesses, sem se desviar da real e efetiva realização do interesse público geral, com vistas à complementar norma jurídica de textura aberta. Impossível aprofundar, na estreiteza deste trabalho, sobre o mérito do ato administrativo o que exige reflexão maior; por isso, limitar-se-á a uma abordagem singela.

O mérito do ato administrativo, segundo a professora *Germana de Oliveira Moraes*(11) *consiste, pois, de valoração e de complementação dos motivos e de definição do conteúdo do ato administrativo não parametrizados por regras nem por princípios, mas por critérios não positivados.*

José Cretella Jr.(12) depois de explicitar que, no campo do processo, o mérito é o fundo do litígio, ou seja, a pretensão que o autor deduz em juízo por meio do pedido, em contraposição às *questões preliminares* ou *prejudiciais* da lide, ressalta que:

> "[...] os administrativistas o conceituam como o aspecto do ato administrativo relativo à conveniência, à oportunidade, à utilidade intrínseca do ato, à sua justiça, à fidelidade aos princípios da boa gestão, à obtenção dos desígnios genéricos e específicos, inspiradores da atividade estatal."

---

(10) *Direito administrativo brasileiro.* p. 638, rodapé.

(11) *Op. cit.*, p. 44.

(12) *Op. cit.*, p. 241.

Prepondera na doutrina a noção de que o mérito administrativo está relacionado com as regras de boa administração e apresenta-se como a valoração do fato, mediante a ponderação pessoal da autoridade administrativa sobre determinados fatos, traduzível por juízos de valor de oportunidade e conveniência que compreendem os aspectos nem sempre de fácil percepção atinentes ao acerto, à justiça, à utilidade, à eqüidade, à razoabilidade, à moralidade, à economia, à fidelidade aos princípios de boa gestão etc., de cada procedimento administrativo.

As definições de *conveniência* e *oportunidade* vão compor substancialmente o mérito do ato administrativo. De sorte que saber se o ato é ou não meio idôneo para a satisfação do interesse público, se é conveniente e oportuno, conforme os padrões de *excelência da atividade administrativa*(13), é que se constitui o mérito do ato do administrador público.

É pacífica a idéia de que o controle jurisdicional incide sobre aspectos vinculados do ato administrativo. É o controle de legalidade.

No que se refere aos elementos não vinculados, o Poder Judiciário pode e deve exercer um controle de juridicidade administrativa, sobre os aspectos não vinculados do ato, a partir de juízos de justiça, de razoabilidade, de proporcionalidade e de moralidade do ato administrativo. A concepção de *juridicidade administrativa* não submete o ato somente às normas, mas ao Direito que é uma noção mais ampla do que a normatividade.

O controle de legalidade compreende a verificação da correspondência entre os elementos competência, finalidade e forma dos atos administrativos com a moldura previamente fixada na norma, e nos atos predominantemente vinculados também os motivos e o objeto do ato. O controle de juridicidade em sentido estrito começa quando cessa o controle de legalidade, e consiste no exame da compatibilidade da valoração dos motivos e da definição de conteúdo do ato administrativo discricionário com os princípios jurídicos outros que não o da legalidade, como o princípio da proporcionalidade.

A maior dificuldade doutrinária é a possibilidade de um controle jurisdicional sobre o mérito do ato administrativo. Verifica-se que mesmo a doutrina mais avançada reluta e admiti-lo, pois, chega-se a dizer que a *discricionariedade é uma técnica e o mérito é o resultado*(14). Assim, o mérito do ato só existe como resultado do exercício da discricionariedade, como definição da oportunidade e da conveniência. O controle judicial é pacífico sobre a discricionariedade, mas controvertido quando se quer adentrar ao mérito.

Partindo, porém, do ponto de vista de que o mérito concerne aos aspectos do ato administrativo relacionado basicamente ao princípio da *oportunidade e conveniência*, e ficando a discricionariedade como a faculdade que a lei confere à admi-

---

(13) MELLO, Celso Antônio Bandeira de. *Discricionariedade e controle jurisdicional*. 2. ed. São Paulo: Malheiros, 1993. p. 38.

(14) MOREIRA NETO, Diogo de Figueiredo. *Legitimidade e discricionariedade* — novas reflexões sobre os limites e controle da discricionariedade. Rio de Janeiro: Forense, 1989. p. 33.

nistração pública para apreciar o caso concreto e escolher entre duas ou mais soluções todas válidas pelo Direito, é possível um controle judicial sobre os critérios de escolha do administrador.

Com efeito, sob tal perspectiva para *Celso Antônio Bandeira de Mello*(15), o campo de liberdade suposto na lei e que, efetivamente, venha a remanescer no caso concreto, para que o administrador, segundo critérios de conveniência e oportunidade, decida entre duas ou mais soluções admissíveis perante a lei, tendo em vista o exato atendimento da finalidade legal, dada a impossibilidade objetivamente reconhecida qual delas seria a única adequada. Sustenta este autor, ainda, que a margem de liberdade que remanesce ao administrador para eleger, segundo critérios consistentes de razoabilidade, um, dentre pelos menos dois comportamentos cabíveis, a fim de cumprir o dever de adotar a solução mais adequada à satisfação da finalidade legal, quando, por força da fluidez das expressões da lei ou da liberdade conferida ao mandamento, dela não se possa extrair objetivamente, uma solução unívoca para a situação vertente.

Diante desta lição do insigne mestre, o exercício da discricionariedade fica reduzido à margem de liberdade de escolha dentre duas ou mais alternativas que o legislador oferece ao administrador. Escolhido este ou aquele comportamento, ante o caso concreto, deve sempre encontrar respaldo na ordem jurídica. Para chegar a esta conclusão, sustenta que há uma discricionariedade no plano da norma *in abstracto,* ou *in potentia* e discricionariedade no caso concreto. Conclui que, em certos casos, embora haja a discricionariedade *in potentia* ela pode deixar de existir, ante as peculiaridades do caso concreto, em algumas situações, sem que remanesça margem de liberdade. Em seguida, fornece o seu difundido exemplo do pai de duas jovens, qualificado por pacifista notório, que se muda para um bairro com história de violência sexual contra jovens mulheres adolescentes. Requer autorização para porte de arma de fogo, para defesa da família. O bairro é reconhecido, pelas autoridades policiais e demais órgãos governamentais, como de policiamento notoriamente deficiente, ante a inexistência de recursos humanos e materiais para combatê-la. Diante da qualidade do requerente e a situação que se insere, a autoridade policial não pode negar o porte de arma, não obstante por lei outorgue poder discricionário, para tal matéria. Assim, haveria casos de eliminação da discricionariedade.

3.4. A discricionariedade e os conceitos jurídicos indeterminados, os fatos determinantes e os princípios gerais de direito

3.4.1. Conceitos jurídicos indeterminados

A origem da doutrina dos *conceitos jurídicos indeterminados* foi na Áustria, no século XIX, resultando da controvérsia de dois autores deste país: *Bernatizik* e *Tezner*. O primeiro, pela obra *"Rechtsprechung um materielle Rechtskraft"*, considerou que

(15) *Op. cit.*, p. 28-38.

tais conceitos atribuem discricionariedade à autoridade administrativa, o que acabou influenciando o Supremo Tribunal Austríaco. O segundo sustentou que tal doutrina seria inimiga do Estado de Direito, combateu *Bernatizik*, sustentando que entre os conceitos jurídicos indeterminados e os conceitos legais determinados existiria uma diferença apenas de grau de insegurança das palavras. Conclui que a doutrina dos conceitos jurídicos determinados inclui um controle de "discricionariedade técnica"(16).

Na Alemanha, deram-se a evolução e consolidação desta doutrina, especialmente pela obra de *Otto Bachof*(17). Na Espanha, país em que os autores traduzem e difundem tal doutrina se destacam *Eduardo García de Enterría*(18), *Miguel Sánches Morón*(19), *Tomás Rodrigues Fernandes*(20), *Eva Desdentado Daroca*(21), *Niete* e *Parejo*(22).

Esta doutrina vem sendo difundida no Brasil com maior ênfase por *Cássio Scarpinella Bueno*(23), *Germana de Oliveira Moraes*(24), *Eros Roberto Grau*(25) e *Celso Antônio Bandeira de Mello*(26), dentre outros.

Os conceitos jurídicos indeterminados (fluídos ou vagos), ou normas flexíveis são encontrados em todos os ramos do direito, não constituindo uma particularidade do Direito público. Com efeito, o *arbitrium boni viri*, o *standard* de conduta do bom pai de família, da boa-fé, de ordem pública ou dos bons costumes como limite da autonomia da vontade, ou simplesmente conceitos de fidelidade, respeito, forças irresistíveis, corruptor, uso natural das coisas etc., todos estes conceitos (uns, conceitos de valor; outros, conceitos de experiência), bem conhecidos da teoria geral do Direito, são conceitos jurídicos indeterminados, no sentido de que, diante do caso concreto, a aplicação dos mesmos não resolve ou determina com exatidão a própria lei que os têm criado e de cuja aplicação se trata.

Estes conceitos jurídicos indeterminados são igualmente aplicáveis no Direito Público, sendo que um erro comum e tradicional, e de penosas conseqüências para a história das garantias jurídicas, tem sido a presença de conceitos dessa natureza nas normas que tem de aplicar a administração com a existência de poderes discricionários.

É o caso das noções, em Direito Administrativo de: *justo preço expropriatório, utilidade pública (como conceito legal), urgência e relevância, circunstância excepcio-*

---

(16) MORAES, Germana de Oliveira. *Controle jurisdicional* ... p. 66-67.

(17) *Jueces e constituición.* Madrid (Espanha): Civitas, 1985.

(18) *La luchas contra la inmunidades del poder.* Madrid (Espanha): Cuadernos Civitas, 1995.

(19) *Discricionariedad admnistrativa y control judicial.* Madrid (Espanha): Tecnos, 1995.

(20) *De la arbitrariedad de la administración.* 4. ed. Madrid (Espanha): Civitas, 2002.

(21) DAROCA, Eva Desdentado. Madrid (Espanha): Cuadernos Civitas, 1997.

(22) *Estudios históricos sobre administración y derecho admnistrativo apud* Miguel Sánchez Morón.

(23) *Direito processual público*: a Fazenda Pública em juízo. São Paulo: Malheiros, 2000.

(24) *Controle jurisdicional da Administração Pública.* São Paulo: Dialética, 1999.

(25) *O direito posto e o direito pressuposto.* São Paulo: Malheiros, 2002.

(26) *Discricionariedade e controle jurisdicional.* 2. ed. 4. tir. São Paulo: Malheiros, 2000.

nais, ordem pública etc.[27], e acrescentem-se alimentos impróprios para o consumo, notável saber jurídico, substância tóxica, preparado de ação estupefaciente, grave alteração psíquica etc.

Por vezes, infere-se que tais conceitos jurídicos indeterminados têm por peculiar característica que sua qualificação em uma circunstância concreta não pode ensejar mais de uma solução. Assim, se dá ou não se dá tal conceito; há ou não há boa-fé, no negócio; o sujeito tem-se comportado como um bom pai de família ou não; há utilidade pública ou não há; dá-se, com efeito, uma perturbação da ordem pública, ou não se dá; o preço que se indica é justo ou não o é. Arremata *Enterría*, *tertium no daturo*[28].

Haveria, portanto, segundo a doutrina de *Enterría*, uma única solução justa a ser adotada na aplicação dos conceitos jurídicos indeterminados, no caso concreto. Este é o elemento que o distingue da discricionariedade, pois o exercício desta se caracteriza exatamente pela existência de pluralidade de soluções justas e possíveis, cumprindo ao administrador escolher uma delas, para aplicá-la ao caso concreto.

Nem mesmo é possível confundir os conceitos jurídicos indeterminados com a chamada "discricionariedade técnica" ou pelo emprego de conhecimentos técnicos especializados, nas situações em que não há oportunidade de decisão unívoca, exigindo que o administrador exerça escolha dentre mais de uma opinião técnica especializada.

Em igual posição, *Antonio Francisco de Souza*[29] ensina que:

> "os conceitos legais indeterminados são conceitos jurídicos não apenas porque fazem parte de uma norma jurídica, mas também por não serem conceitos discricionários. Por isso, necessitam apenas de interpretação, sendo assim controláveis judicialmente."

Na verdade, os autores administrativistas ora perfilham a doutrina de que os conceitos jurídicos indeterminados como vinculantes, ou seja, só fornecem a possibilidade de decisão unívoca, ou, quando reconhecem a existência de conceitos indeterminados não vinculados, os incluem nos domínios da discricionariedade, ou seja, consideram que o seu emprego caracteriza uma atividade discricionária.

Os conceitos vinculantes são aqueles dos quais resultaria uma única solução juridicamente viável. Ex.: o resultado de um procedimento administrativo chega-se à conclusão que está o *edifício em situação de ruína*. É um fato que não ensejaria alternativa para a administração, senão sua demolição ou exigir do proprietário que o faça, por motivo de segurança pública. Não há escolha.

---

(27) ENTERRÍA, Eduardo García. *La lucha contra las imunidades del poder*: poderes discricionales, poderes de gobierno, poderes normativos. Madrid (Espanha): Editorial Civitas S/A., 1995. p. 35.

(28) *Idem, ibidem.*

(29) *Conceitos jurídicos indeterminados no direito administrativo.* Coimbra (Portugal): Almedina, 1994. p. 66.

Os conceitos não vinculantes cuja aplicação pode conduzir a mais de uma solução razoável e sustentável pelo Direito, na verdade, são discricionários. É o caso de avaliação da aptidão do funcionário para o serviço público, concluído o estágio probatório; sobre utilidade de uma coisa, quando se indica, para fins de doação, quais são os bens insersíveis para a administração. Nestes casos, há oportunidade de emprego de conceitos vagos ou indeterminados que conduzem a mais de uma alternativa que o administrador pode validamente adotar. Se, porém, o legislador é quem emprega os conceitos jurídicos indeterminados, levando em conta os conceitos de valor ou de experiência, não há espaço para livre a apreciação da administração, porque são aplicáveis a situações de fato complexas ou que envolvam uma quantidade de imponderáveis.

Exemplar, um venerando acórdão do Tribunal de Justiça do Estado de São Paulo[30] que entra no mérito de ato administrativo, a pretexto de emprego de conceitos *vagos e imprecisos* (indeterminados) encobrem favorecimento ilícito, desaguando em improbidade, ferindo a moralidade administrativa e o interesse público, como se observa desta ementa:

> "AÇÃO CIVIL PÚBLICA — Itapeva — Contratação de advogado — Dispensa de licitação — Sentença de procedência — Inexistência de nulidades — Tem legitimação ativa o Ministério Público, pois lhe incumbe a defesa do patrimônio público que abrange todos os valores de interesse da comunidade — O município não é litisconsorte necessário, não lhe trazendo prejuízo a substituição da citação formal pela notificação para, querendo, ingressar como litisconsorte — Os secretários que opinaram favoravelmente ao ato ilegal não são litisconsortes necessários porque seus pareceres não eram vinculativos para o prefeito — O contratado é parte legítima porque foi efetivamente beneficiado com o ato — A discricionariedade do administrador nunca é absoluta, devendo ele se sujeitar aos significados óbvios das expressões "notória especialização" e "serviços singulares", usadas no dispositivo legal, para contratar sem licitação profissional de sua confiança — A dispensa legal não pode ser utilizada como simples meio de elevar remuneração do advogado que já prestava seus serviços ao município, mesmo que haja acréscimo de tarefas — Improbidade configurada, considerada também a moral administrativa e o interesse público — Redução do valor do ressarcimento e da multa, considerando a remuneração mensal que continuaria a perceber o advogado pela prestação de seus serviços, não fosse o contrato ilegal e imoral — Dado provimento parcial ao recurso." (TJ/SP, Apelação Cível n. 68.889-5 — Itapeva — 8ª Câmara de Direito Público — Relator: Teresa Ramos Marques — 29.9.99 — v. u.)

Esta Ementa de acórdão do TJSP é uma das poucas referências de julgado daquela Corte que, de passagem, se vale dos chamados *conceitos jurídicos indeterminados*; não logrei encontrar outros acórdãos que revelassem a sua aplicação. Isto sugere que a no âmbito da Justiça Federal e no STJ estes conceitos têm encontrado maior aplicação.

(30) *Site* do Tribunal de Justiça do Estado de São Paulo: <www.tj.sp.gov.br>. Acesso em: 12 jan. 2005.

3.4.2. Os fatos determinantes

No que se refere aos *fatos determinantes, Eduardo García Enterría*[31] leciona que:

> "Todo o poder discricionário se apóia em uma realidade de fato que funciona como suporte de fato da norma de cuja aplicação se trata. Este fato há de ser uma realidade como tal, e ocorre que tal realidade é sempre única: não pode ser e não ser ao mesmo tempo ou ser simultaneamente de uma maneira e de outra. A avaliação política da realidade poderá acaso ser objeto de uma faculdade discricionária, mas a realidade como tal jamais."

Assim, se tem ocorrido um fato ou não, e como tem ocorrido, isto já não pode ser objeto de uma faculdade discricionária, porque não pode ficar ao arbítrio da administração discernir se um fato ocorreu ou não.

No controle da realidade dos fatos determinantes, radica uma das possibilidades mais eficazes de controle judicial dos poderes discricionários.

As controvérsias judiciais do se, como e quando tem ocorrido o fato determinante se vincula ao plano da prova.

3.4.3. Princípios gerais de direito

Os *princípios gerais de direito* resultam da uma condensação dos grandes valores jurídicos materiais que constituem o substrato mesmo do ordenamento jurídico e da experiência tirada da vida jurídica. Já foi dito neste trabalho mais de uma vez que a administração está submetida não apenas à lei, mas também aos princípios gerais de Direito e isso por uma razão elementar, porque a administração não é senhora do Direito, nem pode ser, embora às vezes o seja, o legislador. Não se pode confundir os poderes que o Estado outorga à administração, dentre eles as potestades discricionárias, nem se pode esquecer que esta outorga não transfere à administração poderes indelegáveis do ente estatal, a ponto de praticar atos que contrariem não só às leis, mas aos princípios gerais de direito.

A possibilidade de controle judicial dos poderes discricionários pelos *princípios gerais de direito*, se dá pelo emprego de princípios gerais que funcionam como reserva última para reprimir resultados extremos obtidos pela administração, como o *princípio da iniqüidade manifesta, da irracionalidade, como da boa-fé, da proporcionalidade, dos meios empregados em vista dos fins desejados, pela natureza das coisas*[32]. Além disso, a observância de princípios jurídicos constitucionais, o respeito às liberdades fundamentais da pessoa humana, aos princípios da igualdade, da proibição do enriquecimento sem causa, de que ninguém poder beneficiar-se da própria torpeza etc.

Não se trata, enfim, de mera questão interpretativa, mas de discricionariedade, porque o administrador não faz mera interpretação da lei, porque pratica ato de

(31) *Op. cit.*, p. 30.

(32) ENTERRÍA, Eduardo García. *Op. cit.*, p. 46.

manifestação de vontade da administração e nisto poderá agir dentro uma liberdade intelectiva, no caso concreto; mas, deverá tomar decisão razoável para atender o interesse público, ou seja, levar em conta a sua finalidade.

Na perspectiva da discricionariedade no comando da norma, o administrador deve adotar a melhor solução em face do caso concreto, pois, embora discricionário, o ato não pode desviar-se da finalidade natural da administração: atender da melhor forma os fins públicos.

É neste sentido, que *Celso Antônio Bandeira de Mello*(33) afirma que:

> "A conduta que não atingir de modo preciso e excelente a finalidade legal, não é aquela pretendida pela regra de Direito. Se não é aquela pretendida pela regra de Direito, quem a promoveu atuou em desconformidade com a finalidade legal e quando alguém atua em desconformidade com a finalidade legal, o ato é inválido."

Assim, a atividade discricionária da administração pública para legitimar-se deve atender à concepção principiológica do direito, pois, além de submeter os seus atos à conformidade das regras, exige-se para a sua produção que não contrarie os princípios constitucionais.

(33) *Op. cit.*, p. 36-39.

IV. *ASPECTOS DA DISCRICIONARIEDADE ADMINISTRATIVA NO DIREITO COMPARADO*

Em razão das naturais limitações deste trabalho, passa-se a um bosquejo no direito comparado, acerca da discricionariedade administrativa e o seu controle jurisdicional.

4.1. No sistema espanhol

A doutrina espanhola, a partir da obra de *Eduardo García Enterría*[1], especificamente no seu livro *La lucha contra las inmunidades del poder en el derecho administrativo,* tem avançado no desenvolvimento de técnicas de controle da discricionariedade administrativa as quais passaram a ser aplicadas pelos tribunais (contencioso-administrativo), daquele País.

As técnicas desenvolvidas a partir da obra de *Enterría*, então, prescindiram dos sistemas de controles tradicionais, a partir dos elementos regrados do ato administrativo (a existência do poder e sua extensão, a competência, o conteúdo parcialmente regrado do ato) e do desvio de poder. Os maiores progressos vêm se produzindo em virtude das técnicas de controle dos *fatos determinantes, dos conceitos jurídicos indeterminados e dos princípios gerais de direito*[2].

A doutrina do controle dos *fatos determinantes* não se restringe à mera verificação da pertinência dos elementos vinculados do ato administrativo, mas avança no controle da qualificação jurídica do fato, pela administração, além do controle de congruência ou discordância da solução eleita com a realidade a que se destina. Isso supõe na prática um controle da racionalidade intrínseca da decisão e não um controle dos fatos como tais.

Enquanto a aplicação da técnica dos conceitos *jurídicos indeterminados*, excludente *a priori* de toda discricionariedade, se em princípio se admitia a necessidade de reservar uma margem de apreciação em favor de Administração, posteriormente veio a entender que o juiz está sempre autorizado a proceder a um controle completo

(1) ENTERRÍA, García de. *La lucha contra las inmunidades del poder en el derecho administrativo.* Madrid: Ed. Civitas, 1995.

(2) MORÓN, Miguel Sánchez. *Discricionariedad administrativa y control judicial.* 1. ed. Madrid: Editorial Tecnos S/A., 1995. p. 20.

de sua concreção em cada caso. Entretanto, o controle do aspecto regrado da ação administrativa, conduz de zona de penumbra do conceito para uma zona de certeza positiva ou negativa (ainda que às vezes possa existir uma dificuldade de prova). Não é só isto, a técnica se tem aplicado a conceitos tão genéricos como os de *oferta mais vantajosa* ou o *mérito e capacidade* com a clara intenção de reduzir ou limitar a discricionariedade técnica da Administração.

Na concretização do conceito de *interesse público*, como elemento finalista, está presente de maneira explícita ou implícita em toda hipótese de exercício de poderes discricionários, com a conseqüência de outorgar ao juiz um médio controle da racionalidade (não só da procedência) do fim perseguido pela Administração e, em definitivo, da razoabilidade substantiva da decisão. O controle judicial se realiza sobre a razoabilidade da decisão, isto é, sobre sua coerência com os antecedentes de fato de direito em que se funda.

Por se referir ao controle da discricionariedade pelos *princípios gerais de direito*, técnica absolutamente necessária, em ocasiões sua supervalorização, unida à abstração do conteúdo de alguns princípios (proibir a arbitrariedade, aconselhar o uso da proporcionalidade, princípios que regem a política social e econômica) está tendo como conseqüência sua utilização como fórmulas *passe par tout*, nas que se embaraçam, às vezes sem maior argumento, algumas decisões judiciais[(3)].

É bem verdade que a própria doutrina mais favorável ao desenvolvimento destas técnicas de controle vem considerando também a existência de um resíduo de discricionariedade. *Aquele que se manifesta com uma apreciação de valores singulares (a oportunidade é só um deles)*, não fiscalizáveis jurisdicionalmente, posto que os tribunais só podem usar como parâmetro de controle os *critérios jurídicos gerais* e não *apreciações subjetivas e contingentes da justiça dos casos concretos*[(4)].

Ademais, vem entendendo igualmente que *a existência de poderes discricionários é uma exigência indeclinável do governo humano*, posto que este *não pode ser reduzido a uma pura* nomocracia *objetiva e neutra, a um simples jogo automático de normas; e que não é por isso exato que todas as discricionariedades sejam redutíveis a uma hipótese regrada e que nessa redução haja que notar precisamente a linha do progresso político*[(5)].

---

(3) MORÓN, Miguel Sánchez. *Discricionariedad administrativa y control judicial.* 1. ed. Madrid (Espanha): Editorial Tecnos, p. 23 e seguintes cita o exemplo, das decisões judiciais que reduzem o valor das sanções pecuniárias impostas pela Administração por considerá-las desproporcionais, sem explicar em que consiste a desproporção. O que é pior, em alguns casos chega-se a sustentar que a quantificação das sanções administrativas têm sempre caráter regrado, inclusive se a norma confere à Administração faculdade de determinar discricionariamente o valor das multas, utilizando-se para isto dos *conceitos jurídicos indeterminados*. É, segundo o autor, flagrante invasão do juiz na discricionariedade que a lei confere à Administração.Tradução do autor.

(4) *É nesta liberdade última de decisão, em vista do singular e do concreto, onde radica a responsabilidade do poder político, responsabilidade de que o juiz está isento e que nunca pode pretender substituir. La lucha contra las inmunidades* ... p. 48. Tradução do autor.

(5) MORÓN, Miguel Sánchez. *Op. cit.*, p. 25.

O certo, entretanto, é que, enquanto se tem feito de grande (e louvável) esforço em apurar as técnicas de controle da discricionariedade, os limites de dito controle acabam substancialmente indefinidos.

De fato, se os tribunais manejam com habitualidade essas técnicas, mesmo que nem sempre entendidas e aplicadas com os mesmos critérios, nem sequer quando se parte das mesmas premissas dogmáticas, é evidente que a indefinição dos limites do controle está conduzindo, em certos casos, ao que se costuma denominar *excesso de jurisdição*.

4.2. No sistema francês

O estudo da discricionariedade no direito francês se mostra relevante porque este país é o berço do *contencioso-administrativo*.

Na Constituição francesa de 4 de outubro de 1958, atualizada em 3 de outubro de 2000, foi criado o Conselho Constitucional:

> "Art. 56. O Conselho Constitucional é composto de nove membros, cujo mandato tem a duração de nove anos e não é renovável. O Conselho Constitucional é renovado por terços a cada três anos. Três dos seus membros são nomeados pelo Presidente da República, três pelo Presidente da Assembléia Nacional e três pelo Presidente do Senado.
>
> Além dos nove membros acima mencionados, os ex-Presidentes da República são, de pleno direito, membros vitalícios do Conselho Constitucional.
>
> O Presidente é nomeado pelo Presidente da República. Ele possui voto decisivo em caso de empate."

As questões administrativas são solucionadas pelo Conselho Constitucional que no seu art. 62 preconiza:

> "Art. 62. Uma disposição declarada inconstitucional não pode ser promulgada nem aplicada. As decisões do Conselho Constitucional são irrecorríveis. Elas devem ser acatadas pelos poderes públicos e por todas as autoridades administrativas e jurisdicionais."

Miguel Sanches Morón(6) relata que em França não se conserva a isenção de controle judicial dos atos do executivo, como proclamada pela Lei de 16-24 de agosto de 1790. Isto porque, o *Conseil d'État*, desde 1872, a quem foi conferida delegação judicial, vem sendo verdadeiro juiz da administração, como em qualquer Estado democrático. Os juízes vêm avançando em alguns aspectos de controle de oportunidade, equivale dizer, de discricionariedade. Um juiz cujo espírito sempre tem pensado tanto na necessidade de defesa dos direitos individuais, como de assegurar os meios para a prestação dos serviços públicos, mas que é plenamente consciente dos limites constitucionais de suas funções. Assim, a doutrina proclama que houve uma ruptura, em que se abandonou a velha concepção do *ato discricionário*, entendido

(6) *Op. cit.*, p. 36 e seguintes.

como ato de *pura Administração*, isento liminarmente de todo controle judicial e se consagrou à existência de um *poder discricionário* da administração, em apreciar a oportunidade das decisões administrativas[7]. A partir desta ruptura, a jurisprudência do *excès de pouvoir* vem desenvolvendo técnicas de limitação e controle ao exercício dos poderes discricionários da administração.

Os meios técnicos de controle da discricionariedade, utilizados pela jurisprudência, são classificados pela doutrina francesa, segundo *Miguel Morón Sanches*[8], como de controle dos motivos de direito e controle dos motivos de fato das decisões.

Atualmente, a regra geral, segundo a forma empregada pelo *arrêt Instiut technique de Dunkerque, de 25 de abril de 1980*[9], é que o exercício da autoridade discricionária não deve repousar sobre fatos materialmente errôneos, sobre um erro de direito, sobre um erro manifesto de apreciação, ou estar viciada de desvio de poder. Os efeitos de controlar a eventual existência destes vícios de fundo importam muito, desde logo a motivação do ato administrativo, mesmo que a obrigação de motivar não seja geral e admita algumas exceções. Assim, a ausência ou a insuficiência de motivação se considera puro vício de forma, que não exime o juiz de indagar os reais motivos do ato. Mais ainda, o juiz administrativo pode substituir por si mesmo os motivos do ato discricionário explicitado ou não pela administração por outros motivos distintos que pode apreciar e determinar a sua legalidade, tanto se se trata de motivos de fatos como de motivos de direito.

O Conselho de Estado tem exercido há muito o controle sobre a existência material dos *fatos determinantes* da decisão administrativa. Este tipo de controle constitui uma das entradas clássicas para os recursos por *excesso de poder* que explica a razão dos *arrêt Gomel, de 4 de abril de 1914 e Camino, de 14 de janeiro de 1916*[10].

Em princípio consiste na mera verificação da existência ou exatidão dos fatos sobre os quais a decisão se funda, sem alcançar sua qualificação ou valoração jurídica, objeto do ato discricionário. Desta maneira, por exemplo o juiz administrativo abster-se-ia, em princípio, de julgar a aplicação de valorações fáticas realizadas pela administração em aplicação dos *conceitos legais indeterminados*. Esta terminologia, porém, é totalmente estranha à dogmática francesa. Somente a partir de 1961, com o *arrêt Lagrange*, de 15 de fevereiro de 1961, o Conselho de Estado começou a ampliar seu controle, por meio da noção de *erro manifesto de apreciação*, para anular aquelas decisões baseadas em valorações ou qualificações dos *fatos determinantes* flagrantemente incorretas, em erros evidentes e escancarados. Se não há erro manifesto, porém, a decisão é imune ao controle judicial, ainda que seja uma decisão equivocada. É o que a doutrina francesa denomina de *controle mínimo*, ou *controle restringido* e não obstante a qualificação, constitui uma regra geral.

---

(7) *No hay actos discrecionales, hay un cierto poder discrecional de la Administración que se encuentra más ou menos en todos los actos y que es el poder de apreciar la oportunidad de las medidas administrativas*. P. Well. *El derecho administrativo*, tradução para o espanhol, Madrid: Taurus, 1974. p. 2.

(8) *Op. cit.*, p. 42-43.

(9) MORÓN, Miguel Sánchez. *Op. cit.*, p. 42-43.

(10) MORÓN, Miguel Sánchez. *Op. cit.*, p. 42-43.

As exceções à regra ficam por conta dos casos que Conselho de Estado rechaça pronunciar-se sobre a possível existência de erro manifesto de apreciação. Assim, não interfere no mérito de decisões dos jurados ou comissões de exames e concursos, por razões técnicas, ou das grandes decisões de divisão territorial ou de localização de grandes infra-estruturas, por razões de oportunidade política, ou da escolha da forma de gestão de um serviço público, ou da criação, supressão ou modificação de cargos de funcionários.

Por outro lado, outras vezes o controle se estende mais além do erro manifesto na classificação dos fatos. Assim ocorre, quando se avalia a proporcionalidade da medida, por meio do *balanço entre os custos e benefícios* da decisão, ou também quando se utilizam na apreciação ou valoração judicial dos fatos, critérios não estritamente jurídicos. É a chamada *théorie du bilan* que se aplica ao controle de utilidade nas expropriações; no controle da proporcionalidade o julgamento das sanções administrativas; expulsão de estrangeiros e os atos decorrentes de poder de polícia municipal(11).

Com efeito, a apreciação do alcance de um controle mais além do *erro manifesto de apreciação* não é pacífica na doutrina francesa. Se bem que não pareça existir reparos à idéia de que a aplicação desse critério *restringido* não ultrapassa os limites da legalidade — inclusive por algum autor reduz expressamente o *princípio da interdição da arbitrariedade* — não pode dizer-se o mesmo do controle da proporcionalidade ou *teoria do balanço custo-benefício*(12). Para alguns, isto é um controle de oportunidade, mediante o qual o juiz administrativo superpõe suas apreciações subjetivas às da administração, ou, ao menos, se situa nos limites de controle de oportunidade.

Provavelmente, estas críticas explicam a cautela com que o *Conselho de Estado* maneja as técnicas de controle da qualificação dos fatos que vão mais além do critério do *erro manifesto*. Assim, em matéria de expropriação, a técnica do balanço do custo-benefício não tem dado lugar mais que a dez ou quinze anulações desde 1971, e nunca em caso de operações de grande envergadura (defesa, construção de centrais nucleares, linhas ferroviárias de alta velocidade). No se aplica, ademais, à determinação da imissão de posse (necessidade de ocupação), senão só à declaração de utilidade pública. Mais ainda, o Conselho de Estado tem rechaçado expressamente sua aplicação no julgamento das determinações dos planos urbanísticos e o intento de aplicá-la nesta matéria por algum Tribunal Administrativo Regional tem sido objeto de crítica doutrinária(13).

Cumpre acrescentar, finalmente, que nos limites do *contencioso de anulação*, o juiz não poderia nunca adotar uma decisão em substituição do ato discricionário anulado. A substituição só é possível nas hipóteses taxativas e pouco numerosas do *contencioso de pleito jurisdicional (contentieux de pleine juridiction)*, onde não se controlam propriamente decisões discricionárias.

---

(11) MORÓN, Miguel Sánchez. *Op. cit.*, p. 44-54.

(12) *Idem*, p. 47.

(13) MORÓN, Miguel Sánchez. *Op. cit.*, p. 49.

4.3. *No sistema alemão*

A prudência e moderação que se observa na doutrina francesa em matéria de controle jurisdicional da discricionariedade administrativa contrasta com os avanços a que se tem chegado nestas últimas décadas na Alemanha, seguramente o país europeu onde a doutrina e a jurisprudência têm intensificado mais o estudo e a aplicação das técnicas jurídicas de controle[14].

As bases tradicionais do modelo alemão, segundo *Miguel Sanches Morón*[15] são bem conhecidas:

> "1. supremacia do parlamento tanto como órgão de representação direta do povo e, por conseguinte, supremacia da lei;
>
> 2. caráter executivo da Administração, conforme a proeminente influência kelsiana;
>
> 3. submissão da Administração à lei e ao direito, de acordo com o art. 20.3 da Lei Fundamental de Bonn, entendida como da vinculação positiva;"
>
> 4. onde a discricionariedade administrativa, enquanto espaço de decisão de livre vinculação legal constitui esse cavalo de Troya de que falava Huber; aperfeiçoamento contínuo, enfim, das técnicas jurídicas de redução da discricionariedade pelo direito, de que segue um controle judicial intenso das decisões discricionárias. Aperfeiçoamento contínuo, enfim, das técnicas jurídicas de redução da discricionariedade pelo direito, de que segue um controle judicial intenso das decisões discricionárias."

Ressalta este autor, porém, que atualmente há uma tendência de reavaliação da discricionariedade administrativa e da sua função positiva, como marco do Estado de direito no final do século, como meio para a defesa dos interesses da comunidade e dos direitos dos indivíduos. Uma tendência que se estende com relação ante os excessos da concepção anteriormente dominante. Em particular, frente aos da teoria da *vinculação positiva à lei*, na medida em que priva a administração da flexibilidade necessária para adaptar sua ação às circunstâncias em mutação.

Esta mudança de orientação vem sendo observada por administrativistas espanhóis mais familiarizados com o direito alemão, noticia *Miguel Sanches Morón*[16], a exemplo dos professores *Embid* e *Parejo* e um importante trabalho de *Bullinger* publicado em espanhol *(La Discricionariedad administrativa)*.

A doutrina germânica do final do século distinguia entre um âmbito de discricionariedade livre *(freie Ermessen)*, que nas suas origens não era susceptível de controle judicial algum, como ocorria com os atos discricionários em França e outro de

---

(14) MORÓN, Miguel Sánchez. *Op. cit.*, p. 50.

(15) *Idem.*

(16) O controle judicial das decisões administrativas discricionárias. *Revista do Centro de Estudos Judiciários do Conselho da Justiça Federal*, Brasília/DF, n. 239, p. 18-23, 2004.

discricionariedade submetida a determinadas vinculações legais, dentro das quais a administração tem uma ampla margem de apreciação para adequar sua atuação às circunstâncias. A evolução produzir-se-ia, como no direito francês, no sentido de submeter todo tipo de atuação discricionária a uns limites jurídicos externos de exercício (competência e finalidade), mas também em estreitar a margem de liberdade de decisão nas hipóteses de *discricionariedade vinculada*. Neste marco, se insere a polêmica sobre os inicialmente chamados *conceitos discricionários*, quer dizer, a definição das hipóteses de *fatos determinantes* de atuação administrativa com fórmulas gerais ou vagas que depois desemboca na *teoria dos conceitos jurídicos indeterminados*. Esta polêmica tem sua origem na contraposição das teses de autores austríacos do final do século, *E. Bernatizk* e *F. Tezner*. O primeiro, entendia que a atribuição legal de poderes à administração em virtude de um *conceito discricionário* faculta à mesma adotar uma decisão conforme as suas próprias valorações técnicas, de maneira que a aplicação do conceito não é controlável judicialmente. Para o segundo, ao contrário, tal atribuição de poderes não significa uma autoridade administrativa de concretização do conteúdo da norma, já que todo o problema reside na possibilidade objetiva de precisar seu sentido para o caso concreto, operação que também pode ser realizada pelo juiz por meio do controle.

Por tudo o que se observa da doutrina alemã, desde há muito a doutrina majoritária e a jurisprudência distinguem com caráter geral a discricionariedade dos conceitos jurídicos indeterminados, considerando que estes últimos só admitem uma interpretação e aplicação correta em cada caso, susceptível de pleno controle judicial. Mas, em todo caso, a doutrina mais prestigiada se mostrou partidária de reconhecer em poder da administração de uma *margem de operação,* livre do controle judicial, por efeitos da aplicação dos *conceitos indeterminados*, já fora pela dificuldade intrínseca do controle em muitos casos, sobretudo nos chamados *conceitos empíricos*, já porque outras hipóteses *(conceitos normativos)*, a interpretação dos conceitos implica uma estimativa subjetiva de valor, atribuída à administração, ou por outras razões semelhantes. Mas assim delineada a questão, facilmente poderia alegar-se que a correta aplicação dos *conceitos jurídicos indeterminados* derivava de um simples problema de dificuldade de apreciação ou de prova, com a qual a aplicação da teoria da margem de apreciação foi paulatinamente confinada a hipóteses de apreciação subjetiva irredutível, como no caso dos concursos para admissão de servidores, bem como a reação doutrinária de crítica à sentença sobre a central nuclear *Whyl*, de 1975, que em virtude dos pareceres de peritos privados, modificou ou corrigiu a apreciação da administração acerca das necessidades de energias, justificativa para a decisão de construir a central. E mais, a redução da discricionariedade administrativa alcançou também o plano de conseqüências jurídicas, pois uma parte da doutrina e alguma jurisprudência chegaram a considerar que aquela não permite à administração uma livre escolha entre várias possibilidades distintas, senão que em todo caso está obrigada a optar pela solução idônea ou adequada para cumprir a finalidade da lei, em cuja interpretação e execução goza só de uma *flexibilidade limitada*.

O que se verifica, é que o antigo critério de *vinculação positiva* tem sido abandonado, ao menos como critério geral, para dar azo à chamada *teoria da essenciali-*

dade, elaborada pela jurisprudência constitucional. Segundo esta teoria, a função da lei não se restringe à proteção de certas situações subjetivas (a liberdade e a propriedade) e a legitimação de qualquer atuação dos poderes públicos, para abranger uma sorte de função reguladora dos aspectos essenciais de cada matéria ou setor de atividade. Esta regulamentação fica reservada ao parlamento, dado que é o órgão de representação direta da sociedade e pelas garantias de transparência e participação das minorias próprias do procedimento parlamentar. Daí a doutrina jurídica ter deduzido que o critério da *vinculação positiva* está sendo substituído por outro de *direção estratégica* da administração pela lei (ou se preferir, pelo Parlamento).

Esta teoria tolera o reconhecimento do poder da administração para adotar todas aquelas decisões, de classe secundária, não confiada ao legislativo, criando as regras jurídicas, gerais ou de caso concreto, correspondentes. A função administrativa não pode considerar-se, pois, como simples execução da lei, ao menos como característica geral, a não ser que constitua um elemento importante, junto com aquela, para a proteção dos direitos e interesses coletivos e individuais, em uma perspectiva flexível e dinâmica. Para o exercício desta função, a administração está legitimada democraticamente, ao menos de maneira indireta, pois está dirigida pelos governos designados pelo Parlamento ou eleitos diretamente. Ademais, por suas características estruturais, a administração se encontra em condições ótimas para cumprir esta função, pois tem a agilidade e capacidade de reação que ao Parlamento falta e conta com os meios humanos, técnicos e financeiros de que carecem os tribunais.

Nesta ordem de idéias, a discricionariedade administrativa tem deixado de contemplar-se como um *corpo estranho* ao Estado de direito, como bem pode entender-se. Não só isso, senão que também adquire uma nova justificação, objetiva o reconhecimento da *margem de apreciação* da administração para concretizar os *conceitos jurídicos indeterminados*. Conseqüentemente, os tribunais não podem apurar o controle do exercício discricionário, seja em relação aos fatos ou a conseqüência jurídica, mediante a reconstrução autônoma de todos os elementos determinantes da decisão, substituindo as apreciações administrativas pelas próprias, já que o processo que a decisão conduz não é puramente jurídico (no sentido aplicação da norma preestabelecida), senão criativa.

Para se manter nos limites de sua função, deve cingir-se a controlar o cumprimento do comando legal do exercício da discricionariedade e, no caso, que não se tem exercitado de maneira errônea, com desvio ou abuso do poder, além de verificar que não se tem vulnerado algum direito fundamental, em particular os de igualdade de proteção da confiança legítima, em relação também com a eventual inaplicação de diretrizes administrativas e precedentes. Mas, há outro aspecto importante. A impossibilidade de o juiz controlar substantivamente a decisão administrativa além dos limites expostos se compensa com a necessidade de controlar, pois tem cabimento com maior intensidade, o cumprimento das garantias do procedimento administrativo e, no caso específico, a adequação e qualificação do órgão que adotou a decisão.

Finalmente, podem-se completar estas idéias sobre a evolução da doutrina e da jurisprudência alemã, acrescentando:

a) que há uma tendência de identificar distintas hipóteses-tipo de discricionariedade, a respeito das quais se propõe uma distinta forma e alcance de controle judicial;

b) o que se exercita numa ação de anulação, a sentença do tribunal *contencioso administrativo* não pode, salvo exceções, dispor que se pratique outro ato distinto, fixando o seu conteúdo.

Assim, o que se exercita é uma ação de prestação pela qual se solicita à administração a dar ou fazer algo, e a administração tem a discricionariedade para isso, só seria possível que a sentença fixar o conteúdo da condenação, quando existe uma única solução possível no direito, quer dizer, quando a discricionariedade tenha ficado reduzida a nada, a decisão regrada.

4.3.1. Teoria moderna da discricionariedade administrativa alemã

O Juiz alemão *Eckart Hien*(17), Presidente do Tribunal Federal Administrativo de Leipzig, em conferência proferida no Centro de Estudos Judiciários do Conselho da Justiça Federal, em Brasília, em setembro de 2004, discorreu sobre o controle judicial das decisões administrativas discricionárias. O ilustre magistrado afirmou que no seu país a discricionariedade no sentido amplo é prerrogativa aberta à administração pública, quando a sua atuação não é determinada completamente pela lei, tampouco pode ser controlada de forma absoluta por um tribunal. Os espaços de livre atuação podem ter fundamento não só em aspectos técnicos da administração, mas permitem igualmente aos órgãos públicos uma reação rápida e efetiva às condições permanentemente mutantes do cotidiano e garantem justiça individual em casos de configuração atípica. Enfatiza, contudo, que não se pode ignorar que, com a edição de normas constitucionais discricionárias, o legislador navega constantemente numa área de tensão entre a separação dos poderes e a garantia vida judicial, com implicações constitucionais.

Sustenta que a Republica Federal da Alemanha ainda é um dos países que impõem o controle administrativo mais rígido da Europa.

Nesta conferência o ilustre magistrado registrou aspectos práticos da teoria alemã da discricionariedade, diferenciando a discricionariedade no sentido estrito e da chamada "liberdade de apreciação".

A discricionariedade no sentido estrito existe sempre que uma norma não prescreva uma determinada conseqüência jurídica e transfira à administração a prerrogativa de decidir se atuará e de que modo.

Assim, o ordenamento relativo aos bares e restaurantes (§ 19 GaststalättenG), por exemplo, prevê que, por motivo especial, o comércio de bebidas alcoólicas poderá ser proibido temporariamente ou em determinada região, se isso for necessário

(17) O controle judicial das decisões discricionárias... cit., p. 20.

para a manutenção da segurança e ordem públicas. Fica a critério da administração a decisão de delimitar ou não a venda de bebidas alcoólicas, e quais os limites temporais e geográficos a serem adotados.

Este tipo de discricionariedade pode ser controlado judicialmente apenas em parte. O mesmo vale para as decisões de planejamento, como no direito das edificações e das vias públicas e para a edição de normas jurídicas (regulamentos). Plenamente controláveis, ao contrário, são os conceitos jurídicos indeterminados na mesma esfera dos fatos de uma norma.

Trata-se de conceitos jurídicos indeterminados, por exemplo, nos seguintes questionamentos: a emissão de ruídos de uma rua, de um aeroporto ou de uma praça de esportes é abusiva à luz da norma aplicável às emissões? Determinado filme pode ser considerado agressivo à juventude? Determinado vinho atende aos pressupostos de premiação sob o título "vinho de qualidade"?

Sustentou o ilustre magistrado alemão que somente em casos excepcionais é reconhecida à administração a competência para decidir em última instância. A essa competência atribuiu-se o conceito de "liberdade de apreciação". Espaços sem qualquer controle judicial, como os chamados "atos da realeza judicialmente livres", praticamente não mais existem no direito administrativo alemão.

Ressalvou, porém, que o controle judicial se dá no sentido de verificar se a atuação da administração foi ilegal, por ter ultrapassado as fronteiras da discricionariedade ou por ter a administração exercido a discricionariedade de forma não condizente com o objetivo perseguido pela norma que conferiu a ela essa prerrogativa. Se dentro dos limites legais houver várias alternativas de atuação, o tribunal fica impedido de fazer a escolha final segundo seus critérios. Desta forma, não pode determinar os limites temporais ou geográficos da proibição de venda de bebidas alcoólicas, ficando exclusivamente para a administração a decisão sobre as limitações a serem fixadas.

O exame judicial das decisões discricionárias, concluiu o magistrado, não se configura integral em controle de mérito, mas tão-somente de juridicidade.

No contexto do controle de juridicidade, o moderno direito administrativo alemão diferencia três tipos erros de discricionariedade administrativa: a) carência de discricionariedade; b) excesso de discricionariedade; e c) abuso de discricionariedade.

Estes erros decorrem do não uso ou do uso inadequado (por excesso ou abuso) da "prerrogativa de discricionariedade" de que o legislador dotou a administração pública.

Constatado que existe prerrogativa de discricionariedade, o tribunal verifica se a administração considerou-a em sua tomada de decisão, partindo da fundamentação escrita do ato administrativo questionado. Isto porque, na Alemanha não se admite ato administrativo escrito que não seja fundamentado, conforme o *§ 39 da Lei do Processo Administrativo* (VwVfG — *o ato administrativo escrito deve vir acompanhado de fundamentação também escrita, que contenha as principais considerações acerca da discricionariedade)*[(18)].

(18) In *Corso de diritto amministrativo*. Padua: Cedan, 1960. p. 126.

4.3.1.1. *Carência de discricionariedade*

É o caso de a administração pública não fazer uso do seu poder discricionário ou fazê-lo apenas em parte. Cumpre ao tribunal examinar se há "prerrogativa de discricionariedade", ou seja, em que medida a norma em aplicação permite a discricionariedade; em seguida, se o órgão público reconheceu tal prerrogativa e dela fez uso ou foi omisso. Por exemplo, os cidadãos estrangeiros *poderão* ser naturalizados, desde que atendam a determinados requisitos. Se forem casados com cidadãos alemães *deverão* ser naturalizados. Há prerrogativa de discricionariedade somente na primeira hipótese. Se a autoridade nega a naturalização, mas não fundamenta a decisão ou não manifesta especificamente porque discricionariamente negou o pedido de naturalização, configura caso de carência de discricionariedade que conduz à ilegalidade do ato.

4.3.1.2. *Excesso de discricionariedade*

É o que ocorre nas hipóteses em que o órgão administrativo ultrapassa os limites externos de discricionariedade ou imprime um grau de discricionariedade que não lhe foi conferida. É o caso do tribunal examinar inicialmente a abrangência da "prerrogativa de discricionariedade" e, em seguida, avaliar se a administração agiu conforme os limites impostos pela legislação. Três fatores indicam os limites da discricionariedade: o texto da norma, as situações especiais do caso concreto e o princípio da proporcionalidade, como corolário do princípio constitucional do Estado de Direito. No caso da lei que limita a venda de álcool, a restrição, segundo a lei alemã, só pode ser temporária e limitada geograficamente e em caráter provisório. Se a autoridade impuser vedação permanente incorrerá em erro de discricionariedade.

4.3.1.3. *Abuso de discricionariedade*

É o que ocorre quando a administração não exerce a prerrogativa da discricionariedade com o objetivo específico da norma, mas de forma estranha aos objetivos desta ou a partir de considerações arbitrárias. Nas hipóteses em que o legislador definir expressamente o objetivo legal ou este objetivo for dedutível por interpretação teleológica, o tribunal irá examinar se há justificativa do ato administrativo. Verificar se a administração empregou considerações estranhas à lei, ou superestimou ou menosprezou pontos de vistas relevantes, a fim de avaliar se houve ponderação inadequada dos valores e interesse em jogo. Assim, assegurando a Lei Fundamental alemã a tutela estatal ao matrimônio e à família, impondo às decisões estatais valoração máxima a união familiar, se os vínculos familiares — na decisão de deportação de um estrangeiro — não forem devidamente considerados, haverá subvaloração que conduzirá à nulidade do ato. É o caso, ainda, da autoridade que proíbe a realização de um protesto pacífico, porque no mesmo horário, o local deverá ser utilizado para uma sessão de fotos.

4.4. No sistema italiano

A doutrina e a jurisprudência italianas recebem influência francesa e germânica, nem por isso deixa de apresentar um original interesse.

Nas origens das suas reflexões, faz-se distinção entre *discricionariedade pura*, ou administrativa e "discricionariedade técnica" que sela as primeiras polêmicas sobre a natureza, alcance e controle da discricionariedade na Itália. Foram seus protagonistas F. *Cammeo*[19] e E. *Preessutti*[20] que separam aquelas hipóteses em que o Direito atribui à administração um poder de escolha entre várias opções juridicamente válidas e aquelas outras em que deve buscar a solução apropriada em função de critérios ou conceitos formulados pela lei que requerem para sua aplicação uma valoração técnica mais ou menos complexa.

É semelhante à distinção que faz a doutrina germânica entre a *discricionariedade* e *conceitos jurídicos indeterminados*, se bem que nem todo conceito indeterminado se integra às hipóteses da chamada *discricionariedade técnica* e — diferença fundamental — esta hipótese não permite na Itália senão um controle judicial muito limitado da decisão administrativa.

4.4.1. *A denominada discricionariedade pura*

Por influência da doutrina germânica, discutiu-se na Itália, o caráter volitivo ou intelectivo da discricionariedade, ou seja, se seu exercício comporta um ato de vontade da administração medial o qual cria uma norma, completando subjetivamente uma norma imprecisa que dá sustentação ao poder discricionário, ou se consiste na busca da solução idônea para satisfazer o interesse público, inclusive mediante recurso a parâmetros e valores objetivos metajurídicos. Segundo a primeira destas teses, o exercício da discricionariedade é um processo criativo, atribuído à administração que consiste na ponderação comparativa de vários interesses secundários, públicos, coletivos ou privados, destinados à satisfação do interesse público primário que corresponde tutelar ao órgão titular da discricionariedade. É uma operação que pressupõe juízo e vontade, mas em todo caso tem um componente de oportunidade, que seja política em sentido estrito ou não. É um componente necessário e que, ainda que seja susceptível de chegar a abusos (mal que pode ser corrigido por via jurisdicional), deve ter sempre em consideração junto com outros elementos regrados, como os imperativos de legalidade e imparcialidade da ação administrativa.

A doutrina sustenta com veemência que somente estes elementos regrados podem ser objeto de controle por parte do juiz que não pode valorar a ponderação dos interesses efetuados pela administração nem substituí-la, ainda que a considere incorreta[21]. O controle judicial só alcança a legitimidade do ato administrativo, quer dizer, sua legalidade, em sentido amplo, e não, salvo raras exceções, ao seu *mérito*. Tal controle se dá pelo *Conselho do Estado (Consiglio di Stato)*, em sede jurisdicional, e pelos Tribunais Administrativos Regionais (TAR), conforme os três tipos de *recursos* (ou motivos) assinalados pela lei: incompetência, violação da lei e excesso de poder *(eccesso di potere)*.

---

(19) In *Discirezionalità pura e discrezionalità técnica*. Giurisprudenza Italiana, 1910. p. 58.

(20) MORÓN, Miguel Sánchez. *Op. cit.*, p. 60-61.

(21) *Op. cit.*, p. 63.

De inegável influência francesa, a doutrina do *excesso de poder* vai se aproximando paulatinamente do conteúdo do ato em virtude de sucessivas aberturas jurisprudenciais. Hoje, desdobrou-se sob a forma desvio de poder *(sviamento di potere) e* outras como *erro de fato* (aquele controlável por via jurisdicional, este, boa parte, fora deste controle). Há outras figuras de *excesso de poder* que fazem referência à violação dos princípios gerais, como da igualdade *(disparitá di tratamento)* ou a imparcialidade. Estes se submetem a um controle de legalidade.

As causas dos vícios de *excesso de poder* que ser referem à motivação do ato ou decisão administrativa, não no sentido formal (que não é um dever geral na Itália), mas a motivação no sentido substancial ou justificação dos atos, já que o juiz pode levantar o véu da motivação formal, quando não lhe pareça apropriada, para indagar os motivos reais da decisão. Constituem vícios determinantes da ilegalidade do ato tanto a carência ou defeito de motivação, como a insuficiência da mesma. E, finalmente, se entende que existe *excesso de poder* por incongruência, falta de lógica ou incoerência da motivação, quando tem como[(22)] resultado um ato manifestamente ilógico ou manifestamente injusto.

As noções de insuficiência, incoerência ou falta de lógica da motivação são imprecisas e admitem interpretação judicial mais ou menos restritiva ou extensiva. Os juízes italianos não têm se mostrado avançados em matéria de controle de discricionariedade, segundo *A. Predieri*, citado por *Miguel Sánches Ramón*[(23)], que opina que os poderes do poder judiciário foram aumentados *[...] dando lugar aos fenômenos do ativismo judiciário, da qualidade, a um sistema assombrado pelo demônio da procrastinação.* Em todo caso, parece haver algumas diferenças de critérios, segundo as matérias ou as características dos atos submetidos ao controle como o caso dos planos urbanísticos que, dada a complexidade das opções discricionárias que neles se manifestam, o Conselho de Estado limita o alcance de seu controle às hipóteses de *graves vícios, de ilogicidade e de incoerência,* citando o autor vários julgados que vão de 1967 até 1983.

4.4.2. A denominada discricionariedade técnica

Chega-se a sustentar que não é verdadeira a hipótese de discricionariedade, senão a imprecisão da norma atributiva do poder que é susceptível de completar-se mediante um *processo intelectivo*, de natureza técnica. Segundo a doutrina e jurisprudência italianas é um processo que é de exclusiva competência da administração e, salvo exceções, fica isento de controle judicial, ao menos no seu aspecto substantivo. Admite, porém, esta mesma doutrina que hoje em dia, ainda que com moderação, a jurisprudência admita chegar ao controle mais além. Neste sentido, o Conselho de Estado italiano, tem decidido que *a discricionariedade técnica não se diferencia senão quantitativamente da administrativa, pois o legislador dá em tal caso à Adminis-*

---

(22) *Op. cit.*, p. 63.

(23) RAMÓN, Miguel Sánchez. *Op. cit.*, p. 65, nota 79, *apud* F. Ledda. *Potere, tecnica e sindacato giudiziario sull'amministrazione publica, Dir. proc. amm.* 1983. p. 371 ss. V. Crulli Irelli, Note em tema de discrizionarietá amministrativa e sindacato di legitimitá, Dir.. proc. amm. 1984.

tração um guia especial para determinar a existência dos fatos previstos na norma. Só em virtude deste guia especial, o controle judicial pode ser mais penetrante que o da discricionariedade administrativa.

Não se está aqui no âmbito dos *accertamenti (controle da existência dos fatos determinantes)*, senão dos *aprezzamenti tecnici*, reservados tradicionalmente à administração, posto que, a diferença daqueles, se trata *fatti opinabili*. Assim, sucede, por exemplo, com a valoração de bens de interesse histórico-artístico ou paisagístico a efeito de sua tutela legal, com as valorações concernentes a perímetros e zoneamento ou inclusive com certas valorações econômicas, para não falar das valorações técnicas de exames e concursos.

Há um setor da doutrina jurídica que tem propugnado por um controle judicial mais intenso das valorações técnicas da administração(24).

Argumenta-se em tal sentido que tais valorações não constituem uma questão de oportunidade, senão de legalidade, ao que não deve ser obstáculo à ponderação dos juízos em que se fundam. Mas, em nenhum caso se propõe atribuir ao juiz a competência para substituir as valorações da administração por suas próprias, senão tão-só a de verificar a correção do procedimento cognoscitivo seguido na valoração administrativa. Ir mais além seria supor, como se reconhece por todos, ultrapassar o umbral da substituição *(soglia di sostituzione)*, mais além do qual se poderiam em questão dos princípios que caracterizam a forma do Estado. Pelo contrário, outro setor da doutrina(25), tende a reforçar ser incontrolável pelo judiciário as valorações técnicas sobre a base do reconhecimento de um verdadeiro *poder de valoração* da administração, extensível a todas as apreciações técnicas opináveis, poder que se fundamentaria no princípio democrático, pela maior proximidade da administração dos órgãos políticos representativos.

De qualquer maneira, na doutrina e jurisprudência italianas, tanto relativo ao controle da *discricionariedade pura*, como na chamada *discricionariedade técnica*, há um acentuado interesse para as garantias procedimentais e organizativas. Em muitos casos em que o controle substantivo não parece possível sem atravessar o umbral da substituição, se busca assegurar as garantias individuais e coletivas mediante um controle incisivo de caráter completo e apropriado da instrução procedimental e uma exigência de adequação das características do órgão que decide ao objeto da decisão.

4.5. No sistema britânico

Por ser evidente, vai entrar o estudo do nosso tema no sistema da *common law*, cujas características de atividade jurisdicional já foram vistas neste trabalho.

---

(24) RAMÓN, Miguel Sánchez. *Op. cit.*, p. 65, nota 80, *apud* C. Marzuoli. *Op. cit.*, p. 147. M. S. Gianini. *Diritto amministrativo*. 1988. p. 495-496.

(25) *Discricionariedad administrativa y control judicial*. Espanha, Madrid: Editorial Tecnos, 1995. p. 66 e seguintes.

Segundo *Miguel Sánches Ramón*[26] os manuais ingleses de direito administrativo ensinam que a atribuição de poderes discricionários à administração é uma faculdade, em teoria incondicionada do poder soberano — *the Queen in Parliament* — que se justifica em outra ordem de coisas pela necessidade de adotar a administração da flexibilidade que requer uma ação eficaz. A discricionariedade afeta o coração da atividade administrativa e comporta, por sua natureza, um poder de escolha que não pode ser substituído pela opinião dos juízes. Esse poder se estende tanto à decisão de questões de fato, como das questões de direito em aplicação da lei. Neste sentido a doutrina jurídica britânica se preocupa mais em determinar os limites do exercício do poder discricionário e seu controle.

A discricionariedade deve ser exercida dentro dos limites concretos fixados pela lei que tem conferido, de maneira que a infração desses limites converte a decisão discricionária *ultra vires* e é controlável como erro de direito *(error of law)*. A própria administração, porém, pode estabelecer e estabelece com freqüência princípios, diretrizes ou *standard* para resolver algumas hipóteses autolimitativas sob poderes discricionários. Estas orientações têm valor vinculantes, porque criam legítimas expectativas sobre a maneira de atuar da administração, esta deve conformar-se com elas ou motivar porque as abandonou ou a mudança de critérios. Acha-se, portanto, estruturada ou confinada nos limites da lei e das regras ditadas pela própria administração, para guiar suas atividades.

Há, ainda, outros limites de caráter geral, como a obrigação de atender o precedente ou motivar a sua inobservância com razões suficientes e ser imprescindível cumprimento das regras procedimentais de juiz natural, entre elas *Audi alteram parte, nemo iudex in causa sua*. A obrigação de motivar as decisões administrativas não decorre de regra geral do sistema *common law*, mas pode ser estabelecida de maneira específica pelas leis aprovadas no Parlamento. Isto não obstante, o órgão de controle deve indagar em todo caso as razões da decisão, pois que todos os poderes discricionários se concedem para fins determinados e a falta, desvio ou consideração errada de motivos da decisão determina a ilegalidade da mesma. Com isto chega-se aos limites substantivos e gerais de toda decisão administrativa discricionária que uma parte da doutrina britânica costuma englobar sob o genérico *princípio da razoabilidade (reasonableness)*.

As instituições encarregadas do controle jurídico da atividade administrativa no direito britânico são os *tribunals* (órgãos administrativos, alguns presididos por juiz), tendo função de controle por via de recurso. Às vezes em lugar destes órgãos quem decide é o ministro, em virtude recurso hierárquico. O controle que tem atribuído em geral, tanto é de legalidade como de oportunidade e pode substituir as decisões do órgão controlado. Tem competência para conhecer uma imensidade de queixas e reclamações dos cidadãos diante da administração.

---

(26) *Quando o Lorde Macnauthten estabeleceu a seguinte regra geral: Está bem estabelecido que uma entidade pública investida de poderes legais como os que se concede a uma corporação deve ter cuidado de não exceder ou abusar de seus poderes. Deve manter-se dentro dos limites da autoridade que lhe haja sido conferida. Deve atuar de boa-fé. E deve atuar razoavelmente. A última proposição está incluída na segunda, se não na primeira* (Miguel Sánchez Morón, *op. cit.*, p. 70, tradução do autor).

Existem, ainda, as *courts* que são órgãos judiciais, cuja tarefa de controle dos atos da administração é muito limitado, em termos quantitativos. O controle é exercido pelo *judicial review*. Normalmente, a sua intervenção se dá posteriormente aos *tribunals*. Os poucos casos resolvidos pelos *High Court* têm um grande valor doutrinário como precedente. O controle judicial é estritamente jurídico e tem a finalidade de anular as atuações administrativas discricionárias *ultra vires*. O controle abrange os aspectos formais, como a competência, procedimento ou como aspectos substantivos do exercício da discricionariedade, entre os quais se conta a exigência de razoabilidade.

O conceito de irrazoabilidade da decisão empreende uma pluralidade de hipóteses que em direito continental se concretizam em figuras específicas, mas que nem sempre a doutrina britânica substantiva: *wrong motive* (motivos errôneos) *improper purposes* (equivalente a desvio de poder), má-fé ou intenção dolosa, abuso e excesso de poder. Inclusive o princípio da proporcionalidade pode entender naquele outro conceito.

Estas hipóteses foram deduzidas paulatinamente da jurisprudência desde o princípio do século, pois até então, a discricionariedade vinha a ser praticamente sinônimo de impossibilidade de controle. Foi em 1905 com o conhecido caso de *Westminster Corpn. V. London and North Western Rail Co*, em que se criou o *standard* para combater o abuso do poder, a má-fé e a exigência de razoabilidade dos agentes, pode-se dizer delegado do poder público(27). Por muito tempo, o princípio da razoabilidade foi pouco e restritivamente utilizado, pois somente nos últimos decênios esse controle substancial *(de mérito)* da discricionariedade mostrou-se com maior intensidade na jurisprudência. O razoável não é, pois, o correto, nem o irrazoável o equivocado, já que, segundo *Lorde Kenning duas pessoas razoáveis podem chegar razoavelmente a conclusões opostas; sendo que só há irrazoabilidade quando a decisão é tão errônea que nenhuma pessoa razoável poderia sustentá-la*(28).

O *standard* da razoabilidade é muito abstrato e, como algum autor sublinha, pode ser utilizado por juízes com critérios mais ou menos incisivos em cada caso. A generalidade da doutrina britânica destaca, não obstante, a necessidade de que as *courts* se mantenham dentro dos limites de um estrito controle jurídico, sem ultrapassá-lo ou avançar para um juízo político que está reservado ao Parlamento. Acrescenta *Miguel Sánches Morón*(29) que, pela jurisprudência que aparece nos manuais, o juiz britânico é altamente respeitoso das decisões discricionárias e só as anula em caso de grave abuso ou manifesta falta de racionalidade.

Ademais, anula-se uma decisão administrativa por irrazoável, o juiz britânico não pode substituir a discricionariedade administrativa, por seu próprio ponto de

---

(27) Em 1948, o caso Associated Provincial Pcture Houses Ltda. v. Wednesbury Corpn., estabeleceu o Lorde Greene: Existe irrazoabilidade quando a Administração realiza uma atuação *tão absurda que nenhuma pessoa sensível poderia sonhar que se acha dentro dos poderes da autoridade*.

(28) *Op. cit.* p. 57.

(29) *Op. cit.* p. 66.

vista. Por isso, se diz que o controle é exclusivamente negativo, porque o tribunal não decide o que uma autoridade razoável *deveria* fazer, senão só o que uma autoridade razoável não *poderia* fazer.

4.6. No sistema norte-americano

É peculiar à atividade administrativa norte-americana a figura das agências (*agencies*) que são ramificações especializadas na gestão administrativa que, mediante leis específicas, são criadas e dotadas de funções e poderes administrativos. Chega-se a dizer, então, que o *direito administrativo norte-americano e, fundamentalmente, o direito das agências, circunstância esta que lhe dá, desde o surgimento, uma singularidade frente ao direito europeu*[30].

As agências são estruturas burocráticas ou técnicas, não são representativas, porque fora da estrutura estatal. Por isso, sua legitimação social depende da retidão ou correção dos procedimentos prévios para tomar as decisões administrativas. As decisões no âmbito das agências suguem um prévio procedimento técnico, semelhante aos procedimentos judiciais e à imagem destes, inclusive com a obediência dos *due process of law.* Em razão do tipo de decisões que adotam as agências, no direito norte-americano aceita com freqüência uma muito ampla legitimação ativa (*standing*), que permite a participação procedimental de grupos representativos de categorias sociais e interesses coletivos (*class actions*). Desta maneira, as agências se vêem obrigadas a praticar e exercer poderes discricionários — às vezes de grande impacto econômico, social ou ambiental — que lhes têm sido conferidos, tendo em conta uma pluralidade de interesses e pontos de vista (técnicos ou não técnicos) e mediante um procedimento quase judicial, instruído por um funcionário independente (*administrative law judge*). O *judicial review* vem assim a assemelhar-se a uma segunda instância, na que se verifica a forma em que a agência competente tem *construído* sua decisão, já que seja singular (*adjudcation making*) ou normativa geral (*rulemarking*)[31].

Neste contexto, insere-se a cláusula geral da secção 706 da *Administrative Procedure Act 1946*, segundo a qual, o tribunal que revisa a decisão administrativa deve declarar ilegal e anulá-la quando a considere arbitrária, caprichosa, em abuso à discricionariedade ou, de qualquer outra maneira, não conforme o direito. Dentro desta ampla forma, a doutrina e jurisprudência incluem uma pluralidade de motivos ou técnicas de controle da discricionariedade, que costuma condensar no termo genérico *test of reasonableness.* O que importa, sobretudo, é determinar em que forma e com que alcance se realiza esse controle da razoabilidade da decisão.

Não há parâmetro ou critério único de razoabilidade, para ser aplicado em todos os casos e para todos os tribunais. A interpretação e a aplicação deste princípio ficam por conta da jurisprudência e esta não clarifica o significado preciso do

---

(30) *Op. cit.*, p. 77.

(31) *Idem.*

conceito, se não o que se restringe ou se estende casuisticamente. Esta circunstância, somada à falta de sistematização doutrinária e um modelo fundado em *precedentes judiciais,* faz com que o controle da discricionariedade seja inseguro.

Por exemplo, em geral os tribunais costumam ser muito respeitosos com as determinações de fato das agências, o que restringe o controle sobre questões de fato, a pretexto de que as agências têm alta capacidade técnica e científica, às quais os juízes se remetem habitualmente, conforme *Miguel Sánchez Morón*[32].

Também os tribunais costumam aplicar um critério mais flexível ao julgar as decisões das agências, quando estas exercem competência normativa *(regulatory agencies).* Só em certos casos, os tribunais têm aplicado um controle de mérito da discricionariedade, em casos excepcionais, relacionados à proteção do meio ambiente e de obras de grandes infra-estruturas ou de complexos nucleares e energéticos, em que a *Supreme Court* e outros tribunais têm decidido adotar um critério de estrita verificação do procedimento seguido pela agência e de suas avaliações conclusivas. É a técnica ou critério que costumam denominar de *hard look.*

Este critério ou técnica de controle se desenvolveu pela jurisprudência nos anos 60 e 70 e foi estimulada por decisão da Suprema Corte no caso *Citizens to preverse Overton Park, Inc v. Volpe,* de 1971, em que se apreciou a decisão da agência de uma estrada por meio de um parque natural. O sistema de controle opera no sentido de aferir se a decisão adotada foi precedida de um procedimento que levou em conta os diferentes elementos, as alegações e as alternativas possíveis. Concretamente, a agência deve não só ouvir todos os interessados, recolher com detalhes os informes técnicos que avalizem a decisão e motivar suas respostas aos comentários ou observações dos sujeitos participantes, senão que a solução deve revelar que se tem tomado uma *adequate consideration,* tanto dos fatores de fatos relevantes como os interesses representados. Este tipo de controle tem sido aplicado depois de outros célebres casos, alguns dos quais servem de matizes para o alcance e os limites da técnica em questão[33].

O que se infere da técnica *(hard look)* é que a mesma não permite ao juiz não se pronunciar sobre o fundo da decisão discricionária adotada e substituí-la por outra que entender razoável ou mais adequada à finalidade da lei. O controle de mérito só pode ser exercido contra decisões arbitrárias ou de abuso de discricionariedade. Este critério ou técnica restringe a análise do juiz a apenas a examinar se as distintas alegações ou pontos de vistas exposto no expediente administrativo de uma atenção razoável, seja para aceitá-los ou rechaçá-los. O tribunal não pode substituir a decisão discricionária anulada por uma decisão própria, pois carecem de legitimidade e de representatividade para isso, além de faltar-lhe responsabilidade política e conhecimentos de elementos técnicos.

Assim, anulada a decisão da agência por insuficiência de apreciação dos elementos, observações e alternativas em jogo, o juiz deve devolver o assunto à própria

(32) *Op. cit.*, p. 78.

(33) Algo como "porta aberta a um cerco processo político", segundo consegui entender.

autoridade administrativa para que esta tome outra decisão discricionária, levando em consideração a opinião do tribunal sobre aqueles elementos que motivaram a anulação do ato.

A técnica ou critério do *hard look* tem sofrido severas críticas na doutrina, pois, embora sirva de instrumento de transparência da administração, argumenta-se que tenha exigido maior duração e complexidade dos procedimentos administrativos e impõe às agências elevada carga de fundamentação das suas decisões, aumentando as controvérsias, aumentando os custos que assessoramento jurídico. E transforma o processo judicial em um *surrogate political process*[(34)].

4.7. No sistema português

A Constituição portuguesa preconiza entre os seus princípios fundamentais, no título IX, art. 266 que:

> "Art. 266. (Princípios fundamentais)
>
> 1. A Administração Pública visa a prossecução do interesse público, no respeito pelos direitos e interesses legalmente protegidos dos cidadãos.
>
> 2. Os órgãos e agentes administrativos estão subordinados à Constituição e à lei e devem actuar, no exercício das suas funções, com respeito pelos princípios da igualdade, da proporcionalidade, da justiça, da imparcialidade e da boa-fé."

A constitucionalização destes princípios revela o nítido propósito do constituinte português em exigir o seu emprego na operacionalidade da máquina administrativa, para produzir efeitos práticos. Não se compraz com a mera enunciação de um propósito ou de declaração de intenções, mas a imposição de um dever ao administrador quando prescreve que *estão subordinados à Constituição e à lei e devem actuar ... com respeito pelos princípios* que enumera.

Destaca-se a imposição do critério de justiça para a atuação e decisões administrativas, o que envolve inclusive a avaliação da justiça ou injustiça do ato discricionário, não se restringindo, portanto, aos parâmetros de legalidade estrita. Com isto é visível a perspectiva de maior possibilidade de controle judicial de tais atos.

Houve uma revolução no sistema constitucional português, acentua *Germana de Oliveira Moraes*[(35)] sintetizando o pensamento de *Diogo Freitas do Amaral*, jurista lusitano sustenta que

> "[...] até 1976, o ato administrativo decompunha-se em dois hemisférios — o da legalidade, sujeito a controle jurisdicional e o do mérito, insuscetível de apreciação contenciosa, do qual faziam parte a justiça e a conveniência do ato, registrando a mudança ocasionada pela constitucionalização do princípio da justiça como orientador da atividade administrativa."

---

(34) *Op. cit.*, p. 93.

(35) MORÓN, Miguel Sánchez. *Op. cit.*, p. 88-89.

O princípio de justiça é amplo e a doutrina portuguesa enfatiza, então, que o ato injusto é um ato ilegal, viola a lei e por isso é susceptível de controle judicial, inclusive sujeitando-se à anulação.

O princípio da imparcialidade administrativa é visto sob dois aspectos: a imposição da igualdade de tratamento e o dever de ponderar a supremacia do interesse público. Abrange, então, os princípios da igualdade e da proporcionalidade. Não é sem razão que se afirma então que as normas jurídicas que conferem poderes discricionários devem ser aplicadas na mesma medida com o mesmo critério a todos aqueles que, estando abrangidos pela sua previsão, se encontrem em igual situação. Por outro lado, o princípio da proporcionalidade tem por conteúdo a adequação, a necessidade e a proibição dos excessos. De sorte que a atividade administrativa deve adotar medidas necessárias e adequadas para atingir os seus fins e perseguir a consecução do interesse público, de modo que impliquem menor gravame, sacrifícios ou perturbação à situação jurídica dos administrados.

O conceito de boa-fé, dentre aqueles que a Constituição Portuguesa emprega para reger os atos da administração pública, é o mais vago. A interpretação possível para aferir a boa-fé perscrutar a intenção do administrador na prática do ato, qual o motivo ou causa do ato e os seus fins, o que sempre nos leva aos parâmetros da razoabilidade e proporcionalidade.

4.8. No sistema comunitário europeu

O controle da discricionariedade no direito comunitário europeu é baseado no modelo francês; por isso, se mantém dentro dos estritos limites de prudência, pois a jurisprudência tem optado por manter este critério na aplicação dos poderes de controle pretoriano.

O limite de controle de mérito se encontra no erro manifesto de apreciação dos fatos ou de aplicação das normas que a doutrina francesa costuma denominar de *controle mínimo* e poderia pensar-se nesta atitude de *self-restraint* do Tribunal de Justiça, pois, se deve à complexidade e transcendência política dos assuntos submetidos ao seu julgamento, sobretudo referentes à organização comum dos mercados ou de política agrícola, ou as limitações de que padece o Tribunal, acerca da sua legitimação e extensão dos seus poderes diante aos Estados comunitários, levando-se em conta, ainda, o incipiente direito comunitário europeu. Segundo a doutrina, o Tribunal de Justiça é consciente do seu papel, além de revelar a necessidade de bem conhecer os temas e de conseguir um equilíbrio entre os direitos individuais, que não são ilimitados, e o interesse público, incluindo o interesse da Comunidade de dispor de uma[36] administração eficiente e eficaz.

A mesma doutrina acrescenta que a jurisprudência apresenta uma evolução, como ocorre em vários países, no sentido de aprofundar no controle judicial de legalidade das decisões discricionárias, pondo em relevo o estrito cumprimento das

(36) MORÓN, Miguel Sánchez. *Op. cit.*, p. 88-89.

garantias das organizações e procedimentos que emolduram a atuação administrativa. E assim, em uma recente sentença de 21.11.91 sobre o caso *Technische Univerrität München y Hauptzollamt München-Mitte*, em que o Tribunal de Justiça declarou o seguinte:

> "Convém sublinhar que, tratando-se de um procedimento administrativo que comporta avaliações técnicas complexas, a Comissão deve dispor de um poder de apreciação a fim de estar em condições de cumprir suas funções. Mas, no caso de que as instituições ostentem um poder de apreciação semelhante, o respeito às garantias reconhecidas pelo ordenamento jurídico comunitário nos procedimentos administrativos reveste-se de uma importância tanto mais fundamental. Entre essas garantias figuram, especialmente, a obrigação da instituição competente de examinar, com cuidado e imparcialidade, todos os elementos pertinentes ao caso, o direito do interessado de fazer conhecer uns pontos de vistas, assim como a que a decisão seja suficientemente motivada. Somente assim o Tribunal pode verificar se concorrem os elementos de fato e de direito dos que dependem o exercício de poder de apreciação."

O que se pode concluir desta pesquisa, ainda que apenas por alguns países, é que experiência do direito comparado que se acaba de resumir nos tópicos anteriores permite extrair a conclusão de que, a par das diferenças culturais, de linguagem e de técnica, os fundamentos da teoria da discricionariedade administrativa nos distintos países são aproximadas.

Depreende-se não se conceber mais, especialmente a partir do século que se inicia, que a discricionariedade administrativa confira à administração ampla liberdade de atuação, insusceptível de qualquer controle jurisdicional de mérito. É inegável que a discricionariedade tem sua importante função e justificativa própria do Estado Democrático de Direito. Não há dúvida que à administração pertencem os elementos de conveniência *(valorações técnicas)* e oportunidade que concorrem em grande parte para a sua atuação, e que não se reduz a um processo lógico de interpretação e aplicação das leis. Razões outras interferem em uma gama infindável de atribuições.

A experiência do Direito Comparado, porém, ensina que a discricionariedade é sempre submetida a limites jurídicos genéricos, salvo as regulamentações específicas de cada tipo de atuação discricionária, pois pode dar lugar às arbitrariedades, ao abuso ou ao desvio de poder, além de injustiças. A limitação e a disciplina do exercício da discricionariedade administrativa não podem chegar a ponto de reduzir ou de eliminá-la. Isto importa, por outro lado, que os controles jurisdicionais tenham limites, pois não se permite que os juízes interfiram nos aspectos políticos, técnicos ou, de qualquer forma, nos jurídicos da decisão, sem exceder a esfera das funções que lhe são atribuídas. Daí, a doutrina estrangeira recomendar a necessária cautela e autolimitação no uso das técnicas de *razoabilidade*, *proporcionalidade* e na concretização de *conceitos jurídicos vagos ou indeterminados*. O uso destas técnicas não pode encobrir a possibilidade de substituição completa de todo ato do administrador pelo ato do juiz.

4.9. *Crítica aos sistemas de controle jurisdicional da discricionariedade no direito comparado*

O exame sucinto dos diversos sistemas de controle jurisdicional de discricionariedade administrativa possibilita uma comparação no que se refere aos parâmetros, aos limites e as conseqüências desse controle em alguns países de tradição romano-germânica (Alemanha, França, Itália, Espanha e Portugal) além de países de tradição anglo-saxônica como a Inglaterra e os Estados Unidos.

No que se refere aos parâmetros, há forte presença dos princípios da razoabilidade e da proporcionalidade que fomentam técnicas de controle jurisdicional da atuação administrativa discricionária, compreendendo o exame da "prerrogativa de discricionariedade" e a valoração administrativa de conceitos jurídicos indeterminados. A razoabilidade surge no seio do sistema anglo-saxônico e a proporcionalidade no seio do sistema romano-germânico. Em ambos, porém, encontram-se subjacentes às decisões dos tribunais europeus de ambos os sistemas. Extrai-se esta conclusão pelo emprego de conceitos variados como *erro manifesto de apreciação,* bilian coût-vantages, *discricionariedade técnica, interdição de arbitrariedade, imparcialidade,* guardando todos eles um mesmo substrato que é o esforço de ampliar as possibilidades de controle jurisdicional da discricionariedade, dentro dos parâmetros razoabilidade e proporcionalidade.

Relativamente à extensão, os países em que se identificam maiores progressos são a Alemanha e a Espanha, especialmente pelo desenvolvimento da doutrina dos *conceitos jurídicos indeterminados* com efeitos práticos na jurisprudência destes países, chegando a admitir a substituição judicial das decisões discricionárias da administração. Por outro lado, menores progressos se identifica na Itália, em Portugal e em França, onde há uma atuação tímida ou menos ativista dos órgãos encarregados do controle jurisdicional da atividade administrativa discricionária. Nestes Países, é bem menos aguerrida a técnica de substituição judicial das decisões de discricionariedade da administração e de valoração administrativa dos conceitos jurídicos indeterminados.

Constata-se a salutar influência das noções de proporcionalidade e razoabilidade como fator comum de parâmetros para o controle da discricionariedade e valoração dos conceitos jurídicos indeterminados. Nisto há uma convergência em todos os sistemas jurídicos examinados, embora exista uma variação de intensidade no emprego destes princípios que vai se tornando universal, ou comum.

Finalmente, observa-se que na Alemanha e Espanha houve maior desenvolvimento doutrinário, acolhido na jurisprudência, da doutrina dos conceitos jurídicos indeterminados, sem falar nos recentes estudos das teorias que tratam da redução da discricionariedade a zero, que começaram a justificar, nesses dois países, a possibilidade de substituição da decisão administrativa pela decisão judicial.

A brilhante conferência do Juiz Eckart Hien, Presidente do Tribunal Federal Administrativo alemão que teve momentos vibrantes e demonstração dos avanços do controle jurisdicional sobre a discricionariedade administrativa naquele País, ficou esvaziada quando concluiu que "as decisões discricionárias no Direito Administrativo alemão estão sujeitas apenas parcialmente ao controle judicial. Os tribunais verificam somente se a administração reconheceu os limites da discricionariedade, se ponderou pontos de vistas decisivos e respeitou os limites legais de ação. Assim, foge ao controle judicial dizer se, dentre as opções de ação, foi escolhida a melhor, mais adequada e mais racional".

É que esta conclusão não está em consonância com as posições colocadas no decorrer da conferência, como a de que na República Federal Alemã o controle judicial é o mais avançado da Europa e que na aplicação dos conceitos jurídicos indeterminados o controle judicial é pleno.

V. O CONTROLE JURISDICIONAL DOS ATOS ADMINISTRATIVOS NO BRASIL

5.1. Conceito e considerações gerais

O controle *é a faculdade de vigilância, orientação e correção que um Poder, órgão ou autoridade exerce sobre a conduta funcional do outro*[(1)].

Enseja o controle a ocorrência de vícios na prática do ato administrativo. Em se tratando do ato discricionário, o exercício do controle se dá num primeiro plano sobre os seus elementos vinculados — competência, finalidade e forma —, para em seguida ter lugar o exame dos motivos que o nortearam, para avaliar se o seu conteúdo não feriu os princípios constitucionais aplicáveis ao caso concreto.

Dá-se o controle jurisdicional dos atos da administração pública, praticado pelo Executivo, Legislativo e Judiciário — este no exercício de atividade administrativa — no nosso sistema jurídico, com exclusividade pelo Poder Judiciário (art. 5º, XXXV — *princípio da inafastabilidade*), já que no nosso ordenamento jurídico adota o sistema da jurisdição una. Não há entre nós, portanto, como em França, Itália e Portugal (Supremo Tribunal Administrativo) o controle via *Contencioso Administrativo*, com decisões com força de coisa julgada, para o administrado.

Assim, o Poder Judiciário tem a faculdade de julgar todo e qualquer ato da administração pública praticado por qualquer agente estatal, no exercício de suas atribuições ou a pretexto de exercê-las. É a inafastabilidade do controle jurisdicional de todo e qualquer ato administrativo.

Sendo inafastável, haveria limitação da atuação jurisdicional?

A limitação do controle, pelo Poder Judiciário, dos atos administrativos, que tradicionalmente enfatizada como restrita à legitimidade ou à legalidade, e que ficava isento de controle os juízos de *conveniência, oportunidade e eficiência* do ato, ante a tendência de *universalização da jurisdição*[(2)], vem, hoje cedendo lugar a uma ampliação cada vez maior da atuação do Judiciário, nesta questão.

---

(1) MEIRELLES, Hely Lopes. *Direito administrativo brasileiro*. São Paulo: RT, 1981. p. 638.

(2) DINAMARCO, Cândido Rangel. *Fundamentos do processo civil moderno*. T. II, p. 839, explicita ao abordar a necessidade de equilíbrio entre uma *fundamental promessa* de o Estado atender a todos que a ele se socorrem e uma *série de limitações* ao exercício do poder jurisdicional, sustentando que *a universalização da jurisdição expressa uma tendência expansionista tanto no plano quantitativo, quanto no qualitativo do serviço jurisdicional (sentido horizontal e sentido vertical). Reduzir os resíduos de conflitos não-jurisdicionalizáveis e dar tratamento adequado aos jurisdicionalizados.*

O que antes era dogma absoluto, a incensurabilidade ou insindicabilidade dos atos discricionários da administração pública, pelo Judiciário, porque seria inadmissível sobrepor-se ao juízo valorativo ou discricionário do administrador público, mesmo que disso resultasse prejuízo para os administrados, é reminiscência histórica. Perdeu sentido, porque não se coaduna com Estado Democrático de Direito, a idéia de que o juízo de *conveniência, oportunidade e eficiência* do ato emitido pela administração permaneça insondável ou imune de modo absoluto, reservando ao Poder Judiciário apenas e tão-somente o controle da legalidade, como ainda preconiza o entendimento da Súmula n. 473 do STF:

> "A administração pode anular seus próprios atos quando eivados de vícios que os tornam ilegais, porque deles não emanam direitos; ou revogá-los, por motivos de conveniência ou oportunidade, respeitados os direitos adquiridos e ressalvada, em todos os casos, a apreciação judicial."

Submete-se ao controle tanto o ato administrativo vinculado, entendido como aquele em que a norma preconiza um *modelo inteiramente exauriente* do figurino do ato, de modo a preestabelecer a *conduta a ser desencadeada pelo agente*[3], afastando qualquer tipo de liberdade, inclusive quanto ao momento de agir e o conteúdo do ato; bem como os atos administrativos discricionários, em que a norma não estabelece um *modelo exauriente da conduta do agente* público, reservando-lhe certa dose de liberdade, relativamente à causa do ato que define como uma relação de harmonização dos fatos ocorridos com aqueles preconizados na norma, estando aí implicada uma causa legítima, consistente na subsunção dos fatos à norma, não se podendo desconsiderar sempre e necessariamente que deve ser norteado pelo interesse público.

Um controle jurisdicional mais amplo dos atos administrativos discricionários com abrangência sobre os conceitos jurídicos indeterminados envolve uma conjugação harmônica e eficaz na aplicação dos princípios da inafastabilidade da tutela jurisdicional do princípio da separação dos poderes da República.

O princípio da inafastabilidade da tutela jurisdicional constitui fundamento primordial de exercício de controle jurisdicional dos atos administrativos discricionários. Viabiliza tal controle, porém, princípios da publicidade, da motivação e da impessoalidade dos atos, somando-lhes o princípio da eficiência da atividade administrativa. O princípio da inafastabilidade foi objeto razoável na primeira parte deste trabalho.

O princípio da publicidade já submete a administração pública a um controle de opinião pública, porque, salvo as situações excepcionais previstas em lei, não se admite ato sigiloso, ou que sua prática se dê na "calada da noite". É corolário do princípio da publicidade que o administrador deva motivar os seus atos e suas decisões, especialmente os atos discricionários. É uma forma de o administrador públi-

(3) ALVIM, Arruda. *Direito processual público*: A Fazenda Publica em Juízo. Capítulo VIII — Discricionariedade Administrativa e Controle Judicial, p. 233.

co explicitar as razões que o convenceram a escolher, pela prática de um em detrimento do outro, dentre as alternativas que o ordenamento lhe oferece. A obediência a estes princípios é que potencializa o controle jurisdicional.

Com efeito, o dever de motivar os atos e decisões administrativas não é expresso na Constituição; porém, decorre do arcabouço principiológico da nossa Carta Política que necessariamente norteia genericamente toda a atividade estatal, a começar pela imposição de motivar as decisões judiciais (CF/88, inciso IX, art. 93), bem como pela obrigatoriedade constitucional de os Tribunais motivarem as suas decisões administrativas (CR/88, inciso X, art. 93). A este respeito, é sábia a lição de *Lúcia Valle Figueiredo*[(4)] sobre a prestação jurisdicional do Estado, pelo Poder Judiciário, *em atendimento ao postulado constitucional, se não fosse a motivação necessária para a prática dos atos administrativos? Se as razões do convencimento do administrador não devessem ser explicitadas, o controle ficaria deveras difícil.*

É oportuno colacionar afirmação contundente do professor *Miguel Sánches Morón*[(5)]: *Antes de tudo, se afirma que a motivação das decisões é o primeiro critério para o deslinde entre o discricionário e o arbitrário, de maneira que o não motivado é já, só por este fato, arbitrário.* A motivação dos atos e decisões pode até ser sucinta em muitos casos, porém, a falta de fundamentação suficiente e clara deve entender-se que retira a presunção de legalidade das decisões administrativas. É a motivação do ato que vai permitir ao judiciário realizar um juízo de coerência, quer dizer, do enlace razoável e lógico entre a decisão administrativa e em que se aplica, no momento de exercer o controle judicial. Verificada a incoerência ou sendo impossível constatá-la, diante do exame do caso concreto, significa que o ato se traduz por arbitrário.

A jurisprudência do STF tem se inclinado pela necessidade de motivação dos atos discricionários, como se observa dos seguintes julgados:

> "1) O ato administrativo discricionário torna-se arbitrário e nulo por falta de motivação legal. (STF, REDA, 108:276)
>
> 2) A motivação do ato administrativo discricionário sujeita-se ao controle jurisdicional. (STF, em RDA, 74:142)
>
> 3) É lícito ao Judiciário examinar os motivos do ato disciplinar, mediante exame do processo administrativo. (TJSP, em RDA,48:150)"

Ementas de acórdãos do Tribunal de Justiça do Estado de São Paulo, obtidos por meio de pesquisa no portal daquela Corte[(6)] vem perfilhando igual entendimento:

> "1) MANDADO DE SEGURANÇA — CEAGESP — Permissão de uso cessada por ato imotivado — Impossibilidade — Mesmo o ato discricionário deve ser motivado quando atinge direito de terceiros (artigos 37 da Constituição Federal e 111 da Constituição

---

(4) *Controle da administração pública*. São Paulo: RT, 1991. p. 8.

(5) *Op. cit.*, p. 27.

(6) *Site* do Tribunal de Justiça do Estado de São Paulo. <www.tj.sp.gov.br>. Acesso em janeiro 2006.

Estadual) — Princípio da publicidade e moralidade do ato administrativo — Recurso improvido." (TJ/SP, Apelação Cível n. 82.158-5 — São Paulo — 1ª Câmara de "Julho/99" de Direito Público — Relator: José Raul Gavião de Almeida — 7.12.99 — v. u.)

"2) ATO ADMINISTRATIVO — Permissão de uso remunerada — Revogação discricionária, do Administrador, com motivação — Não ocorrência, entrementes, da motivação, demonstrando que não era verdadeira, demonstrando imoralidade administrativa — Aplicação da teoria dos motivos determinantes, vinculando-se o ato administrativo a eles, sendo que, o ato, nesse caso, vincula-se aos motivos aduzidos, sujeitando-se à obrigação de demonstrar sua efetiva ocorrência, o que não se deu no vertente caso — Concessão da segurança — Sentença reformada — Apelação provida." (TJ/SP, Apelação Cível n. 53.464-5 — São Paulo — 4ª Câmara de "Janeiro/99" de Direito Público — Relator: Eduardo Braga — 25.2.99 — v. u.)

"3) RECURSO ESPECIAL — MANDADO DE SEGURANÇA — ATO ADMINISTRATIVO — MÉRITO — O mérito do ato administrativo refoge à crítica judicial. Ressalvem-se os respectivos fundamentos, ou seja, se a apreciação de oportunidade e conveniência apóia-se em foro legítimo." (REsp n. 4.790/RJ; Recurso Especial n. 1990/00008416-4, 2ª Turma. Rel. Luiz Vicente Cernicchiaro (1º.10.90). RSTJ V. 00015 — p. 00469)

No que se refere aos princípios da impessoalidade e da eficiência cumpre apenas ressaltar que a impessoalidade é decorrência do dever de imparcialidade da administração e a eficiência em uma necessidade de absoluto resultado prático para satisfazer o interesse público. O ato discricionário que não ostentar o atendimento a estes princípios fundamentais está fadado à sanção judicial, porque írrito ao Direito; portanto, arbitrário.

"1) FUNCIONÁRIO PÚBLICO — Estágio probatório — Exoneração por ausência de pressupostos relativos à conduta ilibada na vida pública e privada, aptidão e eficiência. Impossibilidade de reapreciação dos critérios adotados pela Administração — Ilegalidade do ato exoneratório não demonstrada — Segurança denegada." (Mandado de Segurança n. 54.165-0 — São Paulo — Órgão Especial — Relator: Luís de Macedo — 28.4.99 — v. u.)

"2) SINDICÂNCIA — Apuração de enriquecimento ilícito — Requisição em procedimento administrativo de dados referentes ao patrimônio comum do servidor e de seu cônjuge — Alegada afronta à garantia constitucional da inviolabilidade da intimidade — Inadmissibilidade — Interpretação da garantia do artigo 5º, X da Constituição da República em harmonia com o princípio fundamental da moralidade administrativa — Cônjuge de sindicado casado no regime de comunhão de bens — Hipótese em que não pode forrar seu patrimônio a investigação dos bens do sindicado — Segurança denegada. Indisputável a existência da garantia constitucional da proteção à intimidade, mister se faz balizar os seus lindes, que não podem se sobrepor aos princípios formadores da Administração Pública, na mesma Constituição, dentre os quais sobreleva-se a atinente à moralidade." (Mandado de Segurança n.239.127-1 — São Paulo — Relator: Donaldo Armelin — CCIV 2 — v. u. — 21.2.95)

"3) AÇÃO POPULAR — Venda de imóveis para a Prefeitura — Anulação — Venda autorizada pelo Legislativo, de imóvel contíguo à propriedade do Prefeito que, ainda no mandato, adquiriu — Infringência à moralidade administrativa — Recurso provido para sua procedência." (Relator: Campos Mello — Apelação Cível n. 145.916-1 — Mirassol — 26.6.91)

A construção jurisprudencial demonstra a necessidade de uma disposição legal que exija a fundamentação dos atos administrativos discricionários, à semelhança do que dispõe § 39 da Lei do Processo Administrativo alemão (*VwVfG*) que exige fundamentação expressa nos administrativos discricionários, contendo considerações acerca da discricionariedade, sob pena de nulidade: *o ato administrativo escrito deve vir acompanhado de fundamentação também escrita, que contenha as principais considerações acerca da discricionariedade.* Se faltar fundamentação ou se ela não apresentar manifestação acerca da questão da discricionariedade, normalmente ocorrerá um caso de carência de discricionariedade, que conduz à ilegalidade do ato administrativo, conforme visto acima na Doutrina de *Ekcart Hien*.

5.2. A harmonização dos princípios da inafastabilidade da tutela jurisdicional e o princípio da separação dos poderes

No Estado Democrático de Direito, ante o princípio da legalidade ampla (art. 5º, II CRFB/88), o exercício do poder *discricionário* está igualmente subordinado e dependente do respaldo do Direito para a sua validade, não se admitindo atuação administrativa que não esteja previamente autorizada pelo Direito. É o princípio da *juridicidade administrativa.* Se não consagrado pelo Direito, o ato administrativo discricionário será arbitrário e ilegal, jamais discricionário. Nada fácil, porém, estabelecer ou identificar a fronteira entre a atividade administrativa discricionária e o âmbito do seu controle jurisdicional. É sempre difícil responder à questão: qual o limite do controle pelo Poder Judiciário, em face da lei que confere ao administrador uma margem de liberdade, ou reconhece ao administrador o poder de adotar mais de uma solução para o caso concreto?

Arruda Alvim(7) é categórico em afirmar que:

> "destinatário deste poder é o administrador e não o juiz. Portanto, se o ato administrativo discricionário for levado ao exame do Poder Judiciário o que o juiz deve fazer é identificar o âmbito do mérito, onde se terá alojado o 'desempenho' do poder discricionário; se não vislumbrar infração a esse poder, ou, se verificar que o administrador praticou o ato dentro do círculo que se encontra gizado pela lei, não há possibilidade de modificação."

O que se extrai dos ensinamentos doutrinários é que o fundamento deste limite é a separação dos poderes, segundo o qual não pode o juiz se sobrepor ou impor o seu próprio juízo de *conveniência e oportunidade*, de modo a substituir o administrador. O controle jurisdicional é de legalidade no seio da qual se insere também o controle de finalidade pública e da justeza da decisão.

Arruda Alvim(8) faz distinção qualitativa do poder discricionário do administrador em relação ao Poder Judiciário, sustentando que *a qualidade do Poder de*

(7) *Op. cit.*, p. 235.

(8) *Op. cit.*, p. 234.

Administração e a qualidade do Poder Judiciário são qualitativamente diferentes. Por evidente, a administração pública está igualmente submetida à lei, mas atendendo-se para os referenciais da conveniência e da oportunidade; portanto, mediante mecanismo flexível que o legislador entendeu ser melhor à realização do fim público.

Nesta ótica, não pode escapar ao Poder Judiciário, averiguar se o ajuizamento da situação e o ato decorrente desse juízo praticado pelo administrador se compreende dentro das possibilidades legítimas, tais como as que considere a lei; o Poder Judiciário, apenas constatará isso.

Isto significa, portanto, que, num primeiro plano, há um controle jurisdicional de definição, havendo controvérsia, se se trata de ato discricionário ou de ato vinculado. A caracterização ou tipificação de um ou de outro, no caso concreto, pode ser questionada judicialmente porque está sujeita ao controle jurisdicional. Uma vez, porém, tipificada a situação como oportuna para o exercício de poder discricionário, pelo administrador, fica mitigado o poder do juiz de entrar na esfera de liberdade típica e deferida ao administrador, quando realizado dentro do espectro possível do exercício de liberdade conferida pela lei.

É certo que não há isenção ou imunidade absoluta.

As definições de discricionariedade são múltiplas e variadas, havendo, inclusive, quem sustente que a idéia de imunidade do mérito dos atos administrativos discricionários teve campo fértil nos regimes políticos autoritários do nazi-facismo, como escudo protetor de arbitrariedades(9).

Conforme amplamente difundida neste trabalho, a idéia da discricionariedade liga-se sempre ao poder de valoração dos interesses em relação aos quais a ação administrativa deverá ser exercida ou a faculdade que a lei confere à administração para apreciar o caso concreto segundo critérios de oportunidade e conveniência e escolhe dentre duas ou mais soluções, todas válidas perante o direito.

Em uma posição bastante tradicional, se a lei contemplar duas ou mais soluções, para um caso concreto, sendo todas válidas para a prática do ato, depara-se sempre com elementos palpáveis, podendo o Judiciário verificar se o administrador pautou-se dentro da legalidade. Isto porque, ao regular as várias situações possíveis de ocorrerem no mundo real, a lei pode disciplinar a conduta do agente público, *em termos estritamente objetivos, aferíveis objetivamente, quais as situações de fato que ensejarão o exercício de uma dada conduta*(10). Assim, não parece haver dificuldade do exercício de controle pelo Judiciário.

A harmonização na aplicação dos princípios da inafastabilidade da tutela jurisdicional e da separação dos poderes será obtida sempre que a administração pública pautar sua conduta de modo a não acarretar lesão ou ameaça a direito insuscetíveis de apreciação judicial e, de outro lado, sem que haja intromissão indevida do Poder Judiciário na atuação administrativa. Deve-se buscar, por conseguinte, um ponto de equilíbrio com vistas a uma atuação harmônica.

---

(9) DINAMARCO, Cândido Rangel. *Fundamentos do processo civil moderno.* T. II. p. 865.

(10) MELLO, Celso Antônio Bandeira de. *Discricionariedade e controle jurisdicional,* p. 16.

Fica evidente a limitação do controle jurisdicional, ante a denominada *área de livre decisão*, em atividade administrativa discricionária, ante as conseqüências decorrentes do controle, isto é, no mais das vezes limita-se a invalidar o ato do administrador, sem substituí-lo por ato do juiz. Invariavelmente, limita-se o Judiciário a declarar a sua nulidade, devolvendo ao administrador a substituição do ato viciado, quando for possível.

De sorte que a harmonização na aplicação destes dois princípios, torna-os compatíveis, quando a atividade não vinculada da administração pública desdobrável em discricionariedade e valoração administrativa dos conceitos jurídicos indeterminados resultar em lesão ou ameaça a direito é sempre possível o controle jurisdicional, tanto pelo princípio da legalidade, como pela decorrência da aplicação dos demais princípios constitucionais específicos da administração pública como *a publicidade, a impessoalidade, a moralidade e a eficiência*, bem como o princípio constitucional da igualdade, além dos princípios gerais de direito implícitos que decorrem do espectro constitucional (CF/88, art. 5º, § 2º — *Os direitos e garantias expressos nesta Constituição não excluem outros decorrentes do regime e dos princípios por ela adotados, ou dos tratados internacionais em que a República Federativa do Brasil seja parte*) destacando-se a *probidade administrativa, a boa-fé, a razoabilidade e a proporcionalidade*, para o fim de invalidar o ato lesivo ou ameaçador do Direito.

Não se pode esquecer que os princípios constitucionais da administração pública, dentre os quais o da legalidade, e as normas constitucionais protetoras de direitos fundamentais, propiciam ao Poder Judiciário apreciar qualquer lesão ou ameaça a direito, potencializando, inclusive, o reconhecimento e a garantia do exercício dos direitos lesionados ou ameaçados.

Não é pacífico, porém, quanto à inviabilidade de substituição do teor da decisão administrativa pelo Poder Judiciário, já que não absoluto o argumento de que a função jurisdicional não pode ser substitutiva da atividade administrativa, porque atentaria contra a independência dos poderes e a autonomia administrativa.

Não se preconiza, contudo, que o Poder Judiciário depois de invalidar o ato administrativo, em qualquer situação ou de forma genérica possa sempre praticar ato que entenda correto, substituindo o ato ou a decisão administrativa. O que a doutrina sustenta, diante da indispensabilidade de harmonizar os princípios da inafastabilidade da tutela jurisdicional e da separação dos poderes, depois da invalidação do ato, é a devolução à administração pública a prática de novo ato, em substituição ao viciado, sempre que isto seja juridicamente viável.

Neste sentido, *Germana de Oliveira Moraes*[11]:

> "[...] a impossibilidade de o julgador renovar os juízos de prognose do agente administrativo, durante a valoração dos conceitos indeterminados e, de ponderação, durante o exercício da discricionariedade, para fins de constituir nova decisão, quando do Direito não é possível se inferir outra objetiva-

(11) *Op. cit.*, p. 105.

mente, constitui o ponto de equilíbrio que resguarda a autonomia da Administração, pois continuará competindo a ela, após a remoção do ato impugnado judicialmente, reeditá-lo, ainda que sempre adstrita à limitações jurídicas jurisdicionalmente."

Na Espanha, porém, *Miguel Sánches Morón*[12] não a admite, salvo *quando em realidade se chegue à conclusão, mediante argumentação jurídica de que só há uma solução possível perante o Direito.* Para *Luciano Parejo*[13], faltaria competência ao Judiciário, nem teria legitimidade para tanto. Porém, reconhece que *podem existir regras suficientes de Direito objetivo determinante da solução do caso. Tomás-Ramon Fernandes*, citado por *Germana de Oliveira Moraes*[14] defende abertamente a possibilidade de substituição da decisão administrativa pela decisão judicial, para quem a mera anulação pode ser suficiente em muitos casos a fim de restabelecer situações juridicamente violadas; mas em outros há que se fixar o restabelecimento da situação jurídica violada, por uma compensação concreta, a ser estabelecida na sentença, *sob pena negar a tutela jurisdicional efetiva a que o recorrente tem direito.*

O que se observa é um grande esforço doutrinário para avançar em matéria de controle jurisdicional da atividade administrativa não vinculada, com vistas a uma arrojada meta de construção teórica da chamada *redução da discricionariedade a zero.* A par disso, há a valoração administrativa dos conceitos jurídicos indeterminados, sempre na tentativa de construção de um critério teórico de delimitação dos casos em que a atribuição de discricionariedade com o emprego de conceitos jurídicos indeterminados, em que o legislador confere a liberdade de decisão ao administrador, o que reduz a reapreciação judicial.

5.3. O controle jurisdicional sobre o mérito dos atos administrativos discricionários

O ordenamento jurídico brasileiro não tem regra expressa acerca do alcance e dos limites do controle jurisdicional da discricionariedade, como ocorre no direito português, pelo que se observa do art. 6º do Estatuto dos Tribunais Administrativos e Fiscais — ETAF, DL n. 129/84, segundo o qual *salvo disposição em contrário, os recursos contenciosos são de mera legalidade e têm por objeto a declaração de invalidade ou anulação do actos recorridos.*

Nem mesmo há disposição semelhante ao § 39 da Lei do Processo Administrativo (VwVfG) que exige fundamentação expressa nos atos administrativos discricionários, contendo considerações acerca da discricionariedade, sob pena de nulidade: *o ato administrativo escrito deve vir acompanhado de fundamentação também escrita, que contenha as principais considerações acerca da discricionariedade.* Se faltar fun-

(12) *Op. cit.*, p. 159.

(13) *Administrar y juzgar*: dos funciones constitucionales distintas y complementarias. Madrid (Espanha): Tecnos, 1993. p. 56. Tradução do autor.

(14) *Op. cit.*, p. 155.

damentação ou se ela não apresentar manifestação acerca da questão da discricionariedade, normalmente ocorrerá um caso de carência de discricionariedade, que conduzirá à ilegalidade do ato administrativo, conforme visto acima.

A única notícia é de preceito legal que se supõe revogado sobre o tema, como nos dá *Carlos Roberto de Siqueira Castro*[(15)]. Trata-se da Lei n. 221, de 1894 que no § 9º do art. 13 dispunha:

> "a) considera-se ilegais os atos ou decisões administrativas em razão da não aplicação do direito vigente. A autoridade judiciária fundar-se-á em razões jurídicas, abstendo-se de apreciar o merecimento dos atos administrativos, sob o ponto de vista de sua conveniência ou oportunidade;
>
> b) a medida administrativa tomada em virtude de uma faculdade ou poder discricionário somente ser havida por ilegal em razão da incompetência da autoridade respectiva ou de excesso de poder."

Esta lei revela a vocação da nossa ordem jurídica, desde os primórdios da República, para legitimar exageradamente a aptidão discricionária das nossas autoridades administrativas. É uma inequívoca vocação para o autoritarismo do poder público em geral, no Brasil, segundo a qual seria senão impossível, mas extremamente difícil em se estabelecer a distinção entre a discricionariedade e a arbitrariedade, deixando o cidadão ou a coletividade em geral ao desalento, no que se refere à tutela dos direitos públicos subjetivos.

Ante a ausência, nos dias atuais, de normas que tracem o alcance, a extensão e os limites do exercício do poder discricionário, fica a cargo da doutrina e jurisprudência brasileiras fornecerem os caminhos para o cabimento e a medida de tal controle, mediante a sistematização do que se pode chamar de *vícios da discricionariedade*, bem como para a identificação dos casos nos quais seja possível a substituição judicial do ato impugnado, em convergência com a doutrina da *redução da discricionariedade a zero*[(16)], a partir não só da noção de legalidade restrita, mas somando-se à aplicação da lei, a adoção e aplicação dos princípios constitucionais a par dos princípios gerais de direito como regras do bom Direito, ou como querem outros da *juridicidade administrativa*.

Por tudo o quanto foi até agora visto, é inegável que o controle jurisdicional incidirá não apenas sobre os aspectos formais do ato administrativo, mas também sobre o critério de eficiência, em face do caso concreto, como aqueles em que a

---

(15) *Devido processo legal e a razoabilidade das leis na nova Constituição do Brasil.* Rio de Janeiro: Forense, 1989. p. 186-189.

(16) *Há redução da 'discricionariedade a zero', quando as circunstâncias normativas e fáticas do caso concreto eliminam a possibilidade de escolha entre diversas opções a ponto de subsistir apenas uma solução juridicamente possível. Assim, se há duas opções em tese previstas em lei, sendo, por isso, ambas soluções possíveis pelo Direito, as condicionantes e as limitações jurídicas ao exercício da discricionariedade poderão conduzir à conclusão de que uma das opções foi tomada sem levar em conta as peculiaridades da situação ou fora desses limites jurídicos. Por exclusão, restará uma solução unívoca para o caso e a Administração estará obrigada a tomá-la, podendo, portanto, o juiz compeli-la a tanto.* (MORAES, Germana de Oliveira. *Controle* ... p. 162).

norma confere o direito à internação em hospitais públicos, para paciente que perceba até um salário mínimo ou o direito de *pessoas pobres* à internação em hospitais públicos. Qual a solução para alguém que percebesse dois salários mínimos, mas que tivesse dez filhos, além da sogra como dependente? Enquadra-se nas exigências para a internação? É situação idêntica à daquele que percebesse 1 salário mínimo, sendo solteiro, residente com a família e os pais classe média? E que dizer da norma que determina que sejam expulsas do cinema as pessoas que se portarem de forma indecorosa, a fim de proteger a moralidade pública. Óbvio que as noções de pessoa pobre e de conduta indecorosa devem ser interpretadas a partir do conceito de igualdade substancial e, inegavelmente, com boa dose de razoabilidade e proporcionalidade, a fim de que a autoridade possa adequadamente aplicar tais normas. Significa dizer, uma flexibilização do conceito para adequá-lo em consonância com a variação dos fatores tempo e lugar. Imagine a diferença da noção de conduta indecorosa no início do século XX e se comparada com o início do século XXI, ou este mesmo conceito, numa mesma época, a ser aplicado em uma metrópole (Rio de Janeiro/São Paulo/Brasília), se comparado com uma cidadezinha do interior do País.

Assim, é preferível que a norma contenha preceitos vagos de modo a permitir que o administrador verifique que medida atende melhor à coletividade, mas que assegure ao destinatário do benefício demonstrar a injustiça, em caso de preterição. Daí, ser indeclinável que os atos e decisões discricionárias devam ser motivados. Só a motivação do ato oferecerá ao administrado o exercício do direito de defesa para demonstrar a injustiça do ato, em caso de lesão ou ameaça a seus interesses e direitos subjetivos.

A lei confere liberdade à administração pública, mas não se pode descartar hipótese concreta de que a negação pode ser ilegítima e o Judiciário pode interferir no mérito do ato.

É oportuno repetir que a jurisprudência do STF tem sopesado os valores em jogo no exercício do controle jurisdicional do Presidente da República na edição de Medidas Provisórias:

> "ADI n. 1.753/DF: ... o caso faz retornar à mesa do Tribunal a questão de sindicabilidade jurisdicional da concorrência dos pressupostos da relevância e urgência para a edição da medida provisória. Jamais lhes conferiu a Corte a carta de total imunidade à jurisdição; pelo contrário, desde a primeira vez — malgrado lhes reconhecendo o inegável coeficiente de discricionariedade — o Tribunal advertiu — invocando *Biscaretti di Ruffia* — a possibilidade de controlar o abuso de poder [...]."

O fundamento, segundo *Celso Antônio Bandeira de Mello*[17], é que:

> "Mérito é o campo de liberdade suposto na lei e que, efetivamente, venha a remanescer no caso concreto, para que o administrador, segundo critérios de conveniência e oportunidade se decida entre duas ou mais solu-

(17) *Op. cit.*, p. 36-39.

ções admissíveis perante ele, tendo em vista o exato atendimento da finalidade legal, dada a impossibilidade de ser objetivamente reconhecida qual delas seria a única adequada."

Não obstante a cautela com que a doutrina enfrenta o tema da discricionariedade e controle judicial de mérito, é possível colher significativo avanço na jurisprudência dos tribunais brasileiros que não se intimidam em adentrar, invariavelmente, ao mérito do ato administrativo discricionário para anulá-los.

Com efeito, o princípio da isonomia fundamentou a anulação de decisão administrativa, com apreciação do conteúdo discricionário, quando há tratamento diferenciado concedido a servidor público:

> "ADMINISTRATIVO — CONCURSO — PROFESSOR AUXILIAR — PEDIDO PARA EXERCER O MAGISTÉRIO EM REGIME DE 20 HORAS SEMANAIS INDEFERIDO — AFRONTA AO PRINCÍPIO DA ISONOMIA — POSSIBILIDADE DE ACUMULAÇÃO DE CARGOS — CF/88. I — Embora se trate de caso sujeito à discricionariedade da Administração Pública, a quem incumbe avaliar a solicitação com uma certa margem de liberdade, devem ser levadas em consideração as circunstâncias concretas do caso e o interesse público. II — A discricionariedade não deixa a Administração totalmente livre para decidir os fatos que lhe são submetidos. Deve ser usada com parcimônia e de acordo com os princípios da moralidade pública, da razoabilidade e da proporcionalidade, sob pena de desvirtuamento. III — A Administração não pode tratar de modo desigual pessoas que se encontram em situação idêntica, deferindo aos profissionais de outras áreas o direito de exercer o magistério em regime de vinte horas sem dedicação exclusiva e negando ao apelante a possibilidade de ministrar a disciplina na qual fora aprovada em regime semelhante. IV — Cumpre ressaltar que a região onde se localiza a UNIVASF é carente de profissionais qualificados em todas as áreas de trabalho, sendo de fundamental importância manter nos seus quadros um professor com grande capacitação profissional, como é o caso do impetrante. V — A Constituição Federal de 1988 assegura a possibilidade de acumulação de cargo de técnico e professor, desde que comprovada a compatibilidade de horários. VI — Apelação a que se dá provimento. Agravo retido prejudicado." (TRF 5ª R. — AC n. 2004.83.08.001927-9 — 4ª T. — PE — Relª Desª Fed. Margarida Cantarelli — DJU 8.11.05 — p. 603)

O princípio da razoabilidade, igualmente, respaldou decisão judicial para adentrar ao mérito do ato administrativo discricionário, apreciando questão em que a pessoa aprovada e, por figurar em segundo lugar, na classificação final do concurso público, requereu sua convocação, porque o primeiro colocado depois de ser nomeado, empossado e entrar em exercício, foi exonerado a pedido. A administração pública, em vez de convocar o segundo colocado, contratou para o mesmo cargo, um servidor temporário. O requerimento do segundo convocado foi indeferido pela administração pública que se socorreu das vias judiciais:

> "DIREITO ADMINISTRATIVO — CONCURSO PARA DIRETOR DE CENOGRAFIA DA UNI-RIO — DIREITO À NOMEAÇÃO — PRAZO DE VALIDADE — PRINCÍPIO DA RAZOABILIDADE. 1. Cuida-se de ação de rito ordinário promovida por candi-

dato ao concurso público para provimento de cargo de diretor de produção — Cenografia, do departamento de cenografia do centro de letras e artes da Uni-Rio, tendo o autor sido classificado em 2º lugar no certame, cujo resultado final foi homologado e publicado em 31 de outubro de 1996. 2. Inexiste direito adquirido à nomeação e posse no cargo tão-somente em virtude da aprovação obtida em concurso público, eis que fica no âmbito da discricionariedade da administração pública o momento mais adequado para a convocação (ou não) dos candidatos aprovados, ainda que exista vaga em aberto. 3. O caso dos autos, contudo, não pode ser tratado igualmente aos tradicionais, porquanto há comprovação de dois fatos que se revelam fundamentais para a solução da lide: a) a nomeação, posse, início de exercício e exoneração da candidata aprovada em 1º lugar dentro do prazo de validade do certame; b) a necessidade do preenchimento da vaga, porquanto foram realizadas várias contratações temporárias desde a época da exoneração da pessoa anteriormente nomeada até o momento da realização da audiência nos autos. 4. Inexiste dúvida que o poder judiciário não pode interferir no mérito administrativo, sendo o controle fundamentalmente de legalidade. *Nos dias atuais, especialmente em razão do princípio da razoabilidade*, tem-se reconhecido que o poder judiciário pode exercer o controle também do mérito administrativo, ainda que a título excepcional, quando ficar patenteada a conduta desarrazoada da administração pública, como se verificou no presente caso. 5. Tendo formulado juízo positivo de conveniência e oportunidade quanto ao chamamento do candidato aprovado em 1º lugar no concurso — tanto é que houve nomeação, posse e exercício das atribuições do cargo pela candidata melhor posicionada —, por óbvio não poderia a administração se retratar de seu convencimento quanto à indispensabilidade do provimento do cargo, mesmo com a exoneração da primeira colocada no certame. Inexiste qualquer motivo que justifique a postura administrativa de não convocar o autor — Classificado em 2º lugar — Para ocupar o cargo vago. 6. Apelação da Uni-Rio e remessa necessária conhecidas e improvidas. Apelação do autor conhecida e provida." (TRF 2ª R. — AC n. 2000.02.01.062311-1 — 8ª T. Esp. — Rel. Juiz Fed. Conv. Guilherme Calmon Nogueira da Gama — DJU 11.4.06 — p. 270)

Relativamente à questão da "prerrogativa de discricionariedade" da administração pública, este importante acórdão do Superior Tribunal de Justiça não deixa dúvida que, se a administração pública invocar tal prerrogativa quando a mesma não existir, porque a lei preconiza uma única conduta possível para o administrador, expressamente estabelece o conteúdo e determina as conseqüências do ato, o controle judicial é pleno. O acórdão enfoca o caso do direito subjetivo à creche dos menores de zero a seis anos. Trata-se de um direito fundamental consubstanciado em preceito constitucional que foi reproduzido no art. 54 do Estatuto da Criança e do Adolescente:

"ADMINISTRATIVO — CONSTITUCIONAL — MANDADO DE SEGURANÇA — *LEGITIMATIO AD CAUSAM* DO *PARQUET* — ART. 127 DA CF/88 — ARTS. 7º, 200, E 201 DO DA LEI N. 8.069/90 — DIREITO À CRECHE EXTENSIVO AOS MENORES DE ZERO A SEIS ANOS — NORMA CONSTITUCIONAL REPRODUZIDA NO ART. 54 DO ESTATUTO DA CRIANÇA E DO ADOLESCENTE — NORMA DEFINIDORA DE DIREITOS NÃO PROGRAMÁTICA — EXIGIBILIDADE EM JUÍZO — INTERESSE TRANSINDIVIDUAL ATINENTE ÀS CRIANÇAS SITUADAS NESSA FAIXA ETÁRIA — CABIMENTO E PROCEDÊNCIA —

[...]

9. O direito constitucional à creche extensivo aos menores de zero a seis anos. É consagrado em norma constitucional reproduzida no art. 54 do Estatuto da Criança e do Adolescente (Lei n. 8.069/90): "Art. 54. É dever do estado assegurar à criança e ao adolescente: I — ensino fundamental, obrigatório e gratuito, inclusive para os que a ele não tiveram acesso na idade própria; II — progressiva extensão da obrigatoriedade e gratuidade ao ensino médio; III — atendimento educacional especializado aos portadores de deficiência preferencialmente na rede regular de ensino; IV — atendimento em creche e pré-escola às crianças de (zero) a 6 (seis) anos de idade." 10. Releva notar que uma Constituição Federal é fruto da vontade política nacional, erigida mediante consulta das expectativas e das possibilidades do que se vai consagrar, por isso que cogentes e eficazes suas promessas, sob pena de restarem vãs e frias enquanto letras mortas no papel. Ressoa inconcebível que direitos consagrados em normas menores como circulares, portarias, medidas provisórias, Leis ordinárias tenham eficácia imediata e os direitos consagrados constitucionalmente, inspirados nos mais altos valores éticos e morais da nação sejam relegados a segundo plano. Prometendo o estado o direito à creche, cumpre adimpli-lo, porquanto a vontade política e constitucional, para utilizarmos a expressão de *Konrad Hesse*, foi no sentido da erradicação da miséria intelectual que assola o país. O direito à creche é consagrado em regra com normatividade mais do que suficiente, porquanto se define pelo dever, indicando o sujeito passivo, *in casu*, o estado. 11. Consagrado por um lado o dever do estado, revela-se, pelo outro ângulo, o direito subjetivo da criança. Consectariamente, em função do princípio da inafastabilidade da jurisdição consagrado constitucionalmente, a todo direito corresponde uma ação que o assegura, sendo certo que todas as crianças nas condições estipuladas pela Lei encartam-se na esfera desse direito e podem exigi-lo em juízo. A homogeneidade e transindividualidade do direito em foco enseja a propositura da ação civil pública. 12. A determinação judicial desse dever pelo Estado, não encerra suposta ingerência do judiciário na esfera da administração. Deveras, não há discricionariedade do administrador frente aos direitos consagrados, quiçá constitucionalmente. Nesse campo a atividade é vinculada sem admissão de qualquer exegese que vise afastar a garantia pétrea. 13. Um país cujo preâmbulo constitucional promete a disseminação das desigualdades e a proteção à dignidade humana, alçadas ao mesmo patamar da defesa da federação e da república, não pode relegar o direito à educação das crianças a um plano diverso daquele que o coloca, como uma das mais belas e justas garantias constitucionais. 14. *Afastada a tese descabida da discricionariedade, a única dúvida que se poderia suscitar resvalaria na natureza da norma ora sob enfoque, se programática ou definidora de direitos. Muito embora a matéria seja, somente nesse particular, constitucional, porém sem importância revela-se essa categorização, tendo em vista a explicitude do ECA, inequívoca se revela a normatividade suficiente à promessa constitucional, a ensejar a acionabilidade do direito consagrado no preceito educacional.* 15. As meras diretrizes traçadas pelas políticas públicas não são ainda direitos senão promessas de *lege ferenda*, encartando-se na esfera insindicável pelo poder judiciário, qual a da oportunidade de sua implementação. 16. Diversa é a hipótese segundo a qual a Constituição Federal consagra um direito e a norma infraconstitucional o explicita, impondo-se ao judiciário torná-lo realidade, ainda que para isso, resulte obrigação de fazer, com repercussão na esfera orçamentária. 17. Ressoa evidente que toda imposição jurisdicional à Fazenda Pública implica em dispêndio e atuar, sem que isso infrinja a harmonia dos poderes, porquanto no regime democrático e no estado de direito o estado soberano submete-se à própria justiça que instituiu. Afastada, assim, a ingerência entre os poderes, o judiciário, alegado o

malferimento da Lei, nada mais fez do que cumpri-la ao determinar a realização prática da promessa constitucional. 18. O direito do menor à freqüência em creche, insta o estado a desincumbir-se do mesmo através da sua rede própria. Deveras, colocar um menor na fila de espera e atender a outros, é o mesmo que tentar legalizar a mais violenta afronta ao princípio da isonomia, pilar não só da sociedade democrática anunciada pela Carta Magna, mercê de ferir de morte a cláusula de defesa da dignidade humana. 19. O estado não tem o dever de inserir a criança numa escola particular, porquanto as relações privadas subsumem-se a burocracias sequer previstas na Constituição. O que o estado soberano promete por si ou por seus delegatários é cumprir o dever de educação mediante o oferecimento de creche para crianças de zero a seis anos. Visando ao cumprimento de seus desígnios, o estado tem domínio iminente sobre bens, podendo valer-se da propriedade privada, etc. O que não ressoa lícito é repassar o seu encargo para o particular, quer incluindo o menor numa 'fila de espera', quer sugerindo uma medida que tangencia a legalidade, porquanto a inserção numa creche particular somente poderia ser realizada sob o pálio da licitação ou delegação legalizada, acaso a entidade fosse uma *longa manu* do estado ou anuísse, voluntariamente, fazer-lhe as vezes. Precedente jurisprudencial do STJ: REsp n. 575.280/SP, desta relatoria p/acórdão, publicado no DJ de 25.10.2004. 20. O Supremo Tribunal Federal, no exame de hipótese análoga, nos autos do RE 436.996-6/SP, relator ministro Celso de Mello, publicado no DJ de 7.11.05, decidiu *verbis:* "criança de até seis anos de idade. Atendimento em creche e em pré-escola. Educação infantil. Direito assegurado pelo próprio texto constitucional (CF, art. 208, IV). Compreensão global do direito constitucional à educação. Dever jurídico cuja execução se impõe ao poder público, notadamente ao município (CF, art. 211, § 2º). Recurso extraordinário conhecido e provido. — A educação infantil representa prerrogativa constitucional indisponível, que, deferida às crianças, a estas assegura, para efeito de seu desenvolvimento integral, e como primeira etapa do processo de educação básica, o atendimento em creche e o acesso à pré-escola (CF, art. 208, IV). — Essa prerrogativa jurídica, em conseqüência, impõe, ao estado, por efeito da alta significação social de que se reveste a educação infantil, a obrigação constitucional de criar condições objetivas que possibilitem, de maneira concreta, em favor das "crianças de zero a seis anos de idade" (CF, art. 208, IV), o efetivo acesso e atendimento em creches e unidades de pré-escola, sob pena de configurar-se inaceitável omissão governamental, apta a frustrar, injustamente, por inércia, o integral adimplemento, pelo poder público, de prestação estatal que lhe impôs o próprio texto da Constituição Federal. — A educação infantil, por qualificar-se como direito fundamental de toda criança, não se expõe, em seu processo de concretização, a avaliações meramente discricionárias da administração pública, nem se subordina a razões de puro pragmatismo governamental. — Os municípios — que atuarão, prioritariamente, no ensino fundamental e na educação infantil (CF, art. 211, § 2º) — não poderão demitir-se do mandato constitucional, juridicamente vinculante, que lhes foi outorgado pelo art. 208, IV, da Lei Fundamental da República, e que representa fator de limitação da discricionariedade político-administrativa dos entes municipais, cujas opções, tratando-se do atendimento das crianças em creche (CF, art. 208, IV), não podem ser exercidas de modo a comprometer, com apoio em juízo de simples conveniência ou de mera oportunidade, a eficácia desse direito básico de índole social. — Embora inquestionável que resida, primariamente, nos poderes legislativo e executivo, a prerrogativa de formular e executar políticas públicas, revela-se possível, no entanto, ao poder judiciário, ainda que em bases excepcionais, determinar, especialmente nas hipóteses de políticas públicas definidas pela própria Constituição, sejam estas implementadas, sempre que os órgãos estatais competentes, por descumprirem os encargos político-jurídicos que sobre eles incidem em caráter mandatório, vierem a comprometer, com a sua omissão, a eficácia e a integridade de direitos sociais e culturais impregnados de estatura constitucional. A questão pertinente à "reserva do possível". Doutrina. 21. Recurso Especial provido." (STJ — REsp n. 200500449414 — (736524 SP) — 1ª T. — Rel. Min. Luiz Fux — DJU 03.04.2006 — p. 00256) JCF.127 JECA.7 JECA.200 JECA.201 JECA.54 JCF.37 JCF.227 JCF.129 JCPC.6 JCF.208 JCF.208.IV JCF.211 JCF.211.2

5.4. *A discricionariedade e o dever jurídico do administrador público de adotar a solução ideal ou de excelência*

As exigências de obediência do bom Direito são tantas que elevam de tal modo as restrições ao "*poder discricionário*" do administrador que cabe a indagação: subsiste a discricionariedade ou só tem lugar a vinculação?

Isto porque, sendo a administração pública informada pelo princípio da legalidade, devendo o administrador, no caso concreto, escolher uma só entre as alternativas legais, adequada e perfeita para atender ao escopo normativo, não haverá discrição.

Não se pode esquecer, porém, que não é possível prever, teoricamente, *a priori* qual solução será excelente e ótima. É que a solução reputável ideal só se verifica diante do caso concreto, quando várias e diferentes soluções podem parecer ideais ou razoáveis *in abstracto*, mormente quando se depara com os chamados conceitos fluídos, elásticos, imprecisos ou indeterminados.

A discricionariedade é pura e simplesmente o resultado da impossibilidade da mente humana poder saber sempre, em todos os casos, qual a providência que atende com precisão capilar a finalidade da regra de Direito.

Finalmente, o que baliza a discrição é a finalidade da norma. Isto porque: a) a situação concreta é que vai balizar a sua dimensão; b) administração pública está sujeita ao *dever de boa administração*.

Só é boa a administração que for conduzida para efetivamente atingir a finalidade do Direito, pois se não há satisfação da finalidade jurídica não há satisfação real da regra de Direito, mas a sua violação, pois uma regra de Direito depende inteiramente da finalidade, por ser ela que lhe ilumina a compreensão.

Destaca-se, no particular, o ensino de *Ihering*, citado por *Luis Recaséns Siches*(18): *o fim é o criador de todo o Direito; não há norma jurídica que não deva sua origem a um fim, a um propósito, isto é, a um motivo prático.*

O exemplo de *Jellinek* sobre a Lei da Prússia que determinava a dissolução de bandos de ciganos, definindo bando como reunião de 15 pessoas, é definitivo. De indagar-se, como agirá a autoridade policial que se deparava com aglomeração de 15 pessoas constituída por um pai, mãe, doze filhos e a mãe do chefe da família?

---

(18) SICHES, Luis Recaséns. *Tratado general de filosofía del derecho*, p. 663.

Enfim, discricionariedade como ressalta este mesmo autor[19]:

> "[...] é a margem de liberdade que remanesça ao administrador para eleger, segundo critérios consistentes de razoabilidade, um, e dentre pelo menos dois comportamentos cabíveis, perante cada caso concreto, a fim de cumprir o dever de adotar a solução mais adequada à satisfação da finalidade legal, quando, por força da fluidez das expressões da lei ou da liberdade conferida no mandamento, dela não se possa extrair objetivamente, uma solução unívoca para a situação vertente."

Nesta visão, quando a administração pública exercita a autêntica discricionariedade não está sujeita ao controle do Poder Judiciário, salvo quando este exercício consubstancie desvio ou abuso de poder ou de finalidade. Porém, os atos motivados por razões de interesse público e em situações de aplicação de *conceitos jurídicos indeterminados*, os atos e decisões administrativas estão sujeitas ao controle jurisdicional.

A análise e a ponderação de que se pode valer o Judiciário não apenas examina a proporção que marca a relação entre meios e fins do ato, mas também aquela que manifesta na relação entre o ato e os seus motivos, tal como se encontra declarado na motivação. Avalia-se a adequação do ato, sob o ponto de vista da sua razoabilidade e proporcionalidade.

Não há dúvida que a discricionariedade é atribuída pela lei à autoridade para que esta desempenhe as suas atribuições de bem e melhor desempenhe, ou *desempenhar com excelência* o seu mister. Por isso, resulta do Direito. O exercício da autêntica discricionariedade é exercício regular de direito pelo Administrador. Não resulta de situações duvidosas, ambíguas, equivocadas ou susceptíveis, mas resulta de interpretação e aplicação do direito. É o caso da autoridade que examina o pedido de porte de arma, quando a lei (Decreto n. 92.795, de 18.6.86) lhe atribui o exercício da discricionariedade.

(19) SICHES, Luis Recaséns. *Op. cit.*, p. 663.

VI. *SÍNTESE CONCLUSIVA*

O Direito não se concebe mais como um simples complexo de regras positivas que o juiz deva lançar mão para a solução do caso concreto. Numa visão mais atual, o Direito enfeixa um conjunto de preceitos que viceja em regras que incorporam princípios, implícitos e explícitos, estabelecendo padrões de condutas esperadas tanto do indivíduo dentro da sociedade (âmbito privado), como a própria organização política da sociedade e desta em relação aos indivíduos que a compõe (âmbito público). A idéia de um direito pressuposto, como fonte de inspiração da doutrina na formulação dos princípios, legitima a positivação dos princípios jurídicos, porque tem a sua origem na ética, na moral e nos bons costumes, espelhando os valores magnos como a dignidade da pessoa humana, a liberdade, a honra, a justiça, a privacidade, a propriedade, a liberdade de trabalho, o autogoverno, a cidadania, a livre iniciativa, a paz social etc.

O princípio da *inafastabilidade do controle jurisdicional* não se confunde nem engloba o princípio da *indeclinabilidade da jurisdição*, como invariavelmente se afirma. Enquanto aquele se destina a evitar e afastar qualquer obstáculo ou empecilho ao direito do cidadão de provocar o Poder Judiciário com vistas a obter um provimento jurisdicional acerca de uma lide, este proíbe o juiz de declinar do seu dever-poder de julgar.

A Constituição Federal de 1988, no art. 5º, inciso XXXV, inserido no título em que se enfatiza o rol dos direitos fundamentais, proclama o princípio da inafastabilidade da tutela jurisdicional, como reiteradamente enfatizado neste trabalho.

Neste dispositivo Constitucional, condensa-se a noção de que os atos jurídicos privados e os atos administrativos em geral submetem-se ao controle incondicional do Poder Judiciário, mitigando a idéia de rígida separação dos Poderes do Estado e busca responder à trágica experiência de um poder político incontrolado, corrupto e tirânico. Isto porque, a Constituição confere ao Poder Judiciário, qualificado por sua independência, pela exigência de elevado grau de preparo técnico jurídico dos seus membros e da imparcialidade de sua atuação, um sistema de controle de atuação de todos os Poderes da República (Legislativo, Executivo e Judiciário).

Por outro lado, ou do ponto de vista do indivíduo ou da própria sociedade: o princípio da inafastabilidade tem estreita relação com o princípio do acesso à Justiça, porque garante genericamente o direito de ação e de defesa, indistintamente a todas as pessoas jurídicas ou físicas, independente da condição social, raça, cor, idade, nacionalidade e sexo o direito de obter do Estado um provimento sobre uma lesão ou ameaça a direito de que supõe seja titular.

Decorrem do princípio da inafastabilidade outros princípios constitucionais implícitos de extrema importância: da efetividade do processo e da questão do acesso à justiça.

O ideal de *efetividade do processo* vai exigir do legislador e do operador do direito a busca, por intermédio deste instrumento, de uma atuação jurisdicional em que a solução de litígios se dê com decisões o mais próximo possível do justo, pois só assim será assegurada a paz social. Dessa preocupação decorre a exigência do *devido processo legal,* do contraditório, da ampla defesa, ênfase à facilidade de acesso à justiça no sentido de um processo de custos mínimos, desburocratizado e célere, que propicie uma solução mais próxima possível do justo.

A excelência de resultado que a sociedade exige da atividade jurisdicional jamais se obterá, ainda que se conte com um enorme aparato de órgãos estatais, com as mais avançadas e maravilhosas técnicas de um processo rápido, de custos ínfimos, desburocratizado e perfeitamente viável para a concretização de um acesso fácil à justiça e da obtenção de uma decisão justa, se não se tiver um juiz ativo, participativo e interessado na consecução deste mister.

Há uma passagem na exposição de motivos do Código de Processo Civil de 1939 que ressalta esta afirmação *O juiz é o Estado administrando a justiça; não é um registro passivo e mecânico dos fatos, em relação aos quais não anima nenhum interesse de natureza vital. Não lhe pode ser indiferente o interesse da justiça. Este é o interesse da comunidade, do povo, do Estado, e é no juiz que um tal interesse se representa e personifica.*

A participação do juiz é essencial para que o processo tenha um resultado justo. Para tanto, o juiz deve assumir, publicamente, a sua condição de cidadão, trazendo para o processo todo o conhecimento que adquirir no convívio social. Não é possível que o Juiz se coloque em um pretenso pedestal, cego à realidade social, voltado apenas para o resultado dos atos processuais. As decisões judiciais não podem mais ser resultado dessa lógica formal, visto que assim se deslocam daquilo que muitas vezes já é do conhecimento geral. Não há segurança jurídica a ser preservada com o emprego do formalismo, pois o que provoca mais descrédito ao Judiciário é o próprio juiz que passa a ser visto como se fosse um 'bobo da corte", aquele a quem todos podem enganar, em razão das ciladas processuais — ou, pior, como partícipe de uma tramóia.

Na aplicação da lei ao caso concreto, espera-se do juiz a procura do melhor sentido da lei que, efetivamente, atenda aos postulados da constante construção de uma justiça social.

Relativamente à facilidade de acesso à justiça, os instrumentos mais modernos que estão colocados à disposição dos jurisdicionados, no nosso ordenamento jurídico, são sinônimo de avanço, como as ações coletivas e a ampliação da legitimidade ativa para a ADIn, das ações coletivas, interesses difusos, dos juizados especiais — cíveis e criminais — a gratuidade de serviços judiciários e de assistência judiciária aqueles que dela necessitarem, a informalidade de procedimentos dos juizados especiais e da justiça do trabalho.

É indispensável ressaltar que o princípio da inafastabilidade do Poder Judiciário, como destaca *Portanova, surgiu do desejo de defender o indivíduo contra o Estado.*

Em nome desta proteção judicial, porém, não se pode cometer exageros, em que juízes acabam por substituir professores na aprovação ou reprovação de alunos, ou de candidatos em concursos públicos; definir competições esportivas, apontando campeões e suspender jogos. As questões relativas à intromissão do Judiciário nas Comissões Parlamentares de Inquérito (CPI's), pelo noticiário dos meios de comunicação, tem se limitado ao controle de legalidade e para impedir que se cometam arbitrariedades, como no caso de *"quebra de sigilo"* bancário e fiscal, ou de se exigir auto-acusação de pessoas que comparecem para depor, mas que são suspeitas de cometerem ilícitos administrativos e penais.

Não se pode perder de vista, todavia, que a atual Carta Magna ao enfatizar o princípio da *inafastabilidade,* complementado por outros princípios constitucionais já ressaltados, destaca como uma filosofia libertária, aberta para o social e para a realidade, que busca, imperativa e ingentemente, métodos idôneos de fazer atuar os direitos sociais e uma justiça mais humana, simples e acessível.

O direito processual, visto desse prisma político, outra coisa não é senão a instrumentalização jurídica das promessas de prestação jurisdicional efetiva e respectivas limitações. O processo é a projeção infraconstitucional destas, com o significado de criar poderes, deveres, ônus, faculdades, sujeições, eficácias, todos eles vinculando juiz e litigantes e, em sua feição moderna, ideologicamente coordenado ao desiderato de universalização o acesso à justiça. Esta universalização da justiça seria a ampliação de sua atuação em todos os sentidos, de modo a reduzir as situações de conflito não resolvidos ao mínimo do mínimo possível.

No plano do processo civil, estas tendências cristalizaram nas três conhecidas ondas renovatórias, de que muito já se falou e assim indicadas: a) movimento em prol da assistência judiciária, com vistas a superar obstáculos que a pobreza opõe ao ingresso em juízo e acesso à justiça; b) reformas necessárias à tutela dos interesses difusos, especialmente dos respeitantes às comunidades de consumidores e higidez do ambiente; c) implantação das múltiplas inovações visando a uma espécie de justiça coexistencial mais acessível e participativa, com forte tendência à universalidade e, numa palavra, a um processo mais justo.

Dir-se-á, um processo mais simples, sem ser simplista, menos formalista, sem banalização do procedimento.

Finalmente, não se pode desvincular os propósitos de abertura a um amplo acesso à justiça, sem que haja o correspondente reaparelhamento do Judiciário (material e humano), tornando-o apto a receber uma massa cada vez maior de ações, o que é impossível com restrito número de juízes, falta de estrutura material, sem informatização, etc.

A situação mais se agrava, se se pensar naquilo que *Kazuo Watanabe* chamou de *litigiosidade contida* que foi amenizada, mas não extirpada do nosso meio, apenas com a criação do juizado especial cível e criminal, porque ainda é uma realidade que permanece e com a qual se convive, ou seja, no tecido social ainda sobrevive uma infinidade de pequenos litígios não resolvidos, ainda por dificuldades de acesso à justiça.

Enfim, o ideal de um Estado de Direito que garanta de modo efetivo a inafastabilidade é uma realidade, ainda, um pouco distante.

O controle jurisdicional dos atos administrativos se coloca numa visão particular do princípio da inafastabilidade da jurisdição. Não há dúvida que, em relação aos atos administrativos vinculados, a possibilidade de controle é ampla, inclusive sobre o mérito. Como ressaltado, a real dificuldade de identificação dos limites do controle jurisdicional dos atos administrativos prende-se ao avanço doutrinário que vem acenando para um panorama que faz distinção entre *conceito vago e discricionariedade*, legitimando que o magistrado, quando provocado adequadamente, possa aquilatar igualmente em atos discricionários a finalidade pública, se o bem comum e a utilidade social foram ou não alcançados. Enfim, desde que esta finalidade pública não seja efetivamente atingida como deseja o ordenamento jurídico, o Poder Judiciário pode declarar nulo o ato. Inexiste, nessa situação, qualquer imunização dos atos administrativos ao controle jurisdicional.

As naturais dificuldades do juiz para verificar se o ato amoldou-se ou não adequadamente aos limites da lei não pode se constituir em empecilho ou obstáculo intransponível para que o juiz exerça pleno controle dos atos administrativos discricionários pois o controle de legalidade sempre haverá.

O rótulo de ato discricionário, por si só, não pode imunizá-lo ao controle jurisdicional. É necessário verificar a fundo se o ato realmente é ou não passível de controle jurisdicional ou se encontra na "moldura legal". Não pode a discricionariedade servir de escudo para afastar do ato o controle jurisdicional.

Não se pode, porém, simplesmente repugnar a discricionariedade administrativa.

Com efeito, conquanto a discricionariedade administrativa tenha a sua origem no Estado liberal, apogeu do princípio da legalidade, não se pode negar a sua indispensabilidade como instrumento jurídico para a eficiência do Estado Democrático de Direito, qualquer que seja a orientação política dominante. Isto porque, no Estado Democrático e Social, um elevado número de tarefas são atribuídas aos órgãos públicos. A situação agiganta-se porque são tarefas com enorme grau de complexidade funcional e técnica, na medida em que se destinam a atender as necessidades básicas do cidadão, tais como segurança, educação, saneamento, moradia; assistência à saúde; proteção à infância, à adolescência, à pessoa portadora de necessidades especiais, ao idoso etc.

Esta concepção — *Welfare State* — do Estado pós-moderno acarretou, ainda, a exigência de constante intervenção do Estado na ordem econômica e social (relações de trabalho e consumo e seguridade social), avançando na regulação e controle de atividades econômica e financeira; desenvolvendo políticas públicas que garantam a liberdade de mercado e o desenvolvimento urbano e rural, paralelamente à proteção e preservação de bens e valores socialmente relevantes como o meio ambiente sustentável, o patrimônio público, histórico, artístico, paisagístico e cultural.

Não é exagero inferir que a transformação do Estado liberal absenteísta para o Estado Social intervencionista — prestador de serviços, empresário, investidor, assistencialista — teve como conseqüência efetivo fortalecimento do Poder Executivo, ao qual confere o encargo da execução desta enorme gama de tarefas. É inevitável constatar o golpe no princípio na separação dos poderes, porque não há como negar a real mitigação da função natural do Poder Legislativo que concentra maiores esforços em fiscalizar o Poder Executivo ou referendar medidas provisórias, no caso do Brasil. O Poder Legislativo, se e quando legisla, limita-se a editar fórmulas genéricas que necessariamente dependem de complementação pelo Executivo. O enorme volume de atribuições e tarefas conferidas ao Executivo, em razão da exigência de agilidade e rapidez de iniciativas e decisões, não pode ficar dependendo de lei, espécie normativa que exige um complexo e demorado processo de elaboração. Daí por que, não se conseguiu frear a sanha do Poder Executivo em legislar, anteriormente por meio de decretos-leis, hoje por medidas provisórias, a par de regulamentos autônomos.

No desempenho dessa infindável gama de tarefas, das mais corriqueiras às mais complexas, a administração pública, equivale dizer, o Poder Executivo tem necessidade de adaptar-se cotidianamente às exigências de um mundo que evolui e se modifica com muita velocidade. Torna-se indispensável, ainda, a descentralização e desconcentração das esferas de decisões e atuações administrativas que não podem funcionar a contento, se carecem de flexibilidade necessária para adotar a decisão mais adequada a cada instante e em cada lugar. É natural, portanto, que os poderes administrativos regulados pela lei contemplem alguns elementos de discricionariedade que sejam no *an*, no *quid*, no *modo* ou ao menos no *quando*.

A atividade administrativa, especialmente da União, no Brasil, em razão da imensa e complexa diversidade de características regionais, necessita fundamentalmente dessa flexibilização para adequar a execução e a prestação de serviços, de forma a atender os interesses e necessidades da coletividade local, sem destoar do interesse público de caráter mais geral.

Não é só o fato de o Poder Executivo açambarcar cada vez mais a função de legislar. Toda espécie normativa — emanada do Poder Legislativo — deve conter necessariamente a possibilidade de flexibilização, isto é, de "prerrogativa de discricionariedade" da administração pública, porque a lei é incapaz de prever a resposta que cada caso concreto requer, para instantes e lugares, cujas realidades se apresentam tão diversificadas, dentro do próprio País. Assim, a discricionariedade é um instrumento com o qual o direito deve contar sempre, não como um mal inevitável, mas como necessidade institucional, para o bom funcionamento da administração pública.

A discricionariedade, entretanto, comporta a necessidade de levar em conta noções não estritamente jurídicas para adotar a melhor decisão, na medida em que, por vezes, terá que se socorrer de critérios políticos, técnicos, ou de mera oportunidade ou conveniência econômica e social. Isto porque, o exercício do poder discricionário não é mero processo intelectivo de aplicação da lei, ou de um processo lógico inteiramente guiado ou dominado pelo raciocínio jurídico puro, a partir exclusivamente dos métodos de interpretação e aplicação da lei, porque é ao mesmo tempo um processo volitivo de decisão que deve contar com esses outros elementos.

O uso do poder discricionário pela administração pública, porém, tem limites que o próprio direito impõe, porque a discricionariedade não pode ser confundida com arbitrariedade. Ademais, é uma atividade pública que não está infensa a regras do direito.

Ab initio, cumpre buscar preestabelecer se é a hipótese de uso da discricionariedade ou não, considerando o caso concreto, ou seja, o exame do: *quando*, *onde*, *o quê* e *como,* submetendo-se, portanto, aos parâmetros jurídicos que tanto podem inviabilizar, limitar ou restringir o seu uso. Não fica ao livre-arbítrio da autoridade qualificar de discricionário ou não, o ato administrativo. Eis aí a razão pela qual, hodiernamente, há consenso na doutrina de que o ato discricionário não dispensa motivação.

No item 3.3.1, segunda parte, ressaltou-se os erros de discricionariedade decorrentes da carência, do excesso e do abuso na utilização da "prerrogativa de discricionariedade". Ficou claro quão importante é a definição da conduta que se deve pautar a administração, se o caso concreto exige ou admite o uso do poder discricionário e, se positiva a resposta, cumpre examinar, ainda, em que extensão e profundidade. É o controle jurisdicional da "prerrogativa de discricionariedade" da administração pública.

No item 4.4 da segunda parte, igualmente destacou-se a questão relativa ao controle da "prerrogativa de discricionariedade" da administração pública, pelo Poder Judiciário. Importante acórdão do Superior Tribunal de Justiça não deixa dúvida que, se a administração pública invocar tal prerrogativa quando a mesma não existir, porque a lei preconiza uma única conduta possível para o administrador, expressamente estabelece o conteúdo e determina as conseqüências do ato, isto é, o controle judicial revela-se pleno. O acórdão enfoca o direito subjetivo à creche dos menores de zero a seis anos, concluindo tratar-se de direito fundamental consubstanciado em preceito constitucional que foi reproduzido no art. 54 do Estatuto da Criança e do Adolescente. Não há outra alternativa para a administração pública senão adotar meios para garantir o acesso de criança nessa faixa etária à creche. Assim, há margem para a discricionariedade.

Superada a questão da "prerrogativa de discricionariedade", porque o juiz ou tribunal concluiu que o uso da discricionariedade é possível, cumpre examinar, se o ato atende aos pressupostos ou requisitos de validade e existência que o direito impõe e, sobretudo, perquirir se o interesse público será alcançado.

Assim, é essencial que se submeta à estrita legalidade, quanto aos seus elementos formais: a autoridade competente, inequivocamente atenda a finalidade pública e observe as formas ou procedimentos conforme a lei. No que se refere ao mérito do ato, ou seja, sobre conveniência, oportunidade, eficiência ou justiça, cumpre examinar, se não irá incidir em desvio ou excesso de poder, se desatenderá aos princípios de moralidade, impessoalidade, eficiência, razoabilidade e proporcionalidade, bem como aos demais princípios jurídicos expressos e implícitos da Constituição (CF/88, art. 5º § 2º).

Neste contexto, dir-se-á que há substituição da noção de legalidade estrita dos atos administrativos pelo princípio da sua juridicidade. A atividade discricionária para legitimar-se, portanto, deve atender a esta concepção principiológica do direito, pois, além de submeter os seus atos à conformidade das regras, exige-se para a sua produção que não contrarie os princípios constitucionais.

Os princípios constitucionais se constituem em mandamentos nucleares do sistema jurídico no Estado Democrático de Direito que penetram e interferem em todo o ordenamento jurídico, porque se caracterizam pela qualidade de serem originários. Em razão desta especial qualidade, deles derivam os demais princípios que permeiam as normas infraconstitucionais. É fundamental que se destaque a importante função dos princípios como instrumentos que o operador do direito deve lançar mão para a interpretação contextual e atualizada da lei, com maior razão na esfera administrativa.

No exercício do controle jurisdicional dos atos administrativos em geral, inclusive aqueles fundamentados na discricionariedade, o Poder Judiciário deve, portanto, perquirir se o ato se submeteu, não só ao princípio da legalidade, mas também da juridicidade.

A partir desta premissa, o campo de atuação jurisdicional no exercício do controle da discricionariedade se amplia, se torna mais extenso, permitindo um aprofundamento maior, para ir muito além da mera revisão dos elementos vinculados do ato discricionário. Assim, deverá perquirir também, se no processo de concepção do ato, o administrador avaliou e valorou criteriosamente os pressupostos de fato e de direito e se na motivação guiou-se pelos parâmetros ditados pelos princípios da publicidade, da impessoalidade (sob as vertentes da igualdade e da imparcialidade), da razoabilidade, da proporcionalidade, da moralidade e da eficiência, e conteúdo do ato.

A conclusão do juiz ou tribunal pode ser no sentido de que o ato administrativo está conforme o direito, porque se submeteu a uma orientação segundo os critérios dos princípios gerais de direito e não ofendeu nenhum princípio expresso ou implícito da Constituição. Ao contrário, o juiz ou tribunal podem apontar lesão grave a algum ou alguns princípios constitucionais capazes de ensejarem a invalidação do ato. Neste caso, abre-se a possibilidade de decretar a sua nulidade e determinar à administração que edite ato novo, corrigindo o vício ou, depois de declarar a nulidade, preestabelecer o conteúdo do novo ato, em substituição à administração.

A verdade é que existe sempre a possibilidade de o Poder Judiciário invalidar o ato administrativo vinculado ou discricionário. O debate acirrado, em sede de sindicabilidade do ato da administração, é quanto à possibilidade de substituição do conteúdo da decisão administrativa pela decisão do Poder Judiciário, em caso de discricionariedade administrativa. Isto nem sempre é viável. Assim, se o Supremo Tribunal Federal declara a inconstitucionalidade de medida provisória com fundamento em ofensa aos princípios da razoabilidade e da proporcionalidade, porque ausentes os pressupostos de *relevância e urgência*, a Excelsa Corte não tem determinado que o Chefe do Executivo transforme a medida provisória projeto de lei e o envie ao Congresso Nacional. E mais, não se concebe que o Poder Judiciário possa substituir a administração pública, quando se discute o local por onde deve passar uma rodovia a ser construída. Na hipótese de reconhecer que, pelo traçado do projeto, a obra ofende ou lesiona o meio ambiente, o juiz pode acolher o pedido de sujeitos legitimados (órgão público ou de ONG específica), para determinar o cancelamento do projeto, ou interrupção das obras; mas, não terá respaldo técnico, nem jurídico para determinar o novo traçado da futura rodovia.

Em caso da chamada "discricionariedade de decisão", porém, em que compete à administração decidir se deve agir ou não, quando concluir pela negativa (não agir) e, sendo questionada em juízo, a decisão judicial que declara a nulidade acaba por determinar a prática do ato, em verdadeira substituição a uma conduta que só deveria ser objeto de deliberação pela administração. É o caso, por exemplo, da conveniência e oportunidade de prorrogação do prazo de validade do concurso público. O Supremo Tribunal Federal, em acórdão da lavra o Ministro Marco Aurélio (RE n. 192.568 — RDA 206/185-269), concluiu que fere o princípio da razoabilidade, se a administração pública indefere a prorrogação do prazo do concurso, sem justificativa socialmente aceitável e, de imediato, publica edital para novo concurso, a fim de preencher as mesmas vagas. Argumentou-se que a finalidade do concurso é exatamente o preenchimento de cargos públicos e a faculdade do inciso IV do art. 37 da Constituição teve em vista a atender esta mesma finalidade. Concluiu-se que a não prorrogação do prazo do concurso redundaria em desvio de poder, fazendo letra morta o referido preceito constitucional. Neste caso, o acolhimento do pedido, importou em imediata prorrogação do prazo do concurso, isto é, em substituição ao ato da administração.

Vislumbra-se, ainda, quanto à "discricionariedade de decisão" a seguinte hipótese: previsto na peça orçamentária a quantia de R$ 500.000,00 para construção de um posto de saúde destinado à população de um bairro carente desse serviço. Essa mesma quantia encontra-se orçada para construção de uma pirâmide luminosa ornamental na praça central da cidade. A população poderá exigir, por meio de ação popular que o Administrador Público que decidiu pela obra da pirâmide, se abstenha de construí-la, para aplicar o recurso orçamentário disponível, suficiente tão-somente para apenas uma, das duas obras, na construção do centro de saúde. A pretensão tem fundamento no princípio da dignidade da pessoa humana, da proporcionalidade e razoabilidade, além de ter respaldo no direito fundamental de proteção à saúde, previsto pela Carta Magna de 1988.

Relativamente aos atos administrativos que restringem a liberdade de exercício de atividade econômica, o Egrégio Tribunal de Justiça do Estado de São Paulo tem insistentemente negado mandado de segurança contra portaria do Departamento Estadual de Estradas de Rodagem que proíbe a venda de bebidas alcoólicas em bares e restaurantes situados às margens de rodovias estaduais. O Tribunal, nestas decisões, tem afastado a alegação dos impetrantes de ofensa ao princípio da isonomia, se comparado com iguais estabelecimentos que encontram fora das margens de rodovias. O fundamento básico da decisão do Tribunal é que "Ainda que possam as rodovias ser consideradas bens de uso comum do povo, esse uso pode estar sujeito, validamente, a regulamentações gerais, relativas à segurança, higiene e saúde"(1).

---

(1) Exemplificativamente, a Apelação Cível n. 184.161-1, Relator Des. Costa Manso, São Paulo, 29.4.93.

O exemplo acima é semelhante àquele da jurisprudência alemã[2], em que a lei autoriza a autoridade a delimitar o horário noturno e a região geográfica da cidade, onde fica proibida a venda de bebidas alcoólicas, em razão da alta incidência de crimes, por ingestão de álcool à noite. Só haverá excesso de poder, ensejando o controle judicial, se a proibição for para o dia todo, não se limitando a determinado horário noturno.

No item 4.4, ficou demonstrado que o princípio da razoabilidade, igualmente, respaldou decisão judicial para adentrar ao mérito do ato administrativo discricionário, apreciando questão em que a pessoa aprovada em concurso público e, por figurar em segundo lugar, na classificação final, requereu sua convocação, porque o primeiro colocado depois de ser nomeado, empossado e entrar em exercício, foi exonerado a pedido. A administração pública, em vez de convocar o segundo colocado, contratou para o mesmo cargo, um servidor temporário. O requerimento administrativo foi indeferido, levando o interessado a se socorrer das vias judiciais. Por ser evidente, não é razoável que, sendo inconteste a necessidade de pessoal para o cargo em questão e da opção por nomeação de concursado, a administração pública acabe por contratar um servidor temporário.

A amplitude do controle jurisdicional da discricionariedade envolvendo os conceitos jurídicos indeterminados (fluídos, vagos ou imprecisos) ou normas flexíveis depende da análise do caso concreto. Por vezes, não há alternativa, porque a decisão para ser justa só comporta solução unívoca do administrador, como é o caso de perquirir, se há ou não há boa-fé; se há utilidade pública ou não há; se ocorre a perturbação da ordem pública ou não, se o preço que indica é justo ou não o é. E mais, se o procedimento administrativo concluiu que o edifício está em situação de ruína, não resta alternativa para a administração, senão a demolição ou exigir que o proprietário o faça, por motivo de segurança pública. Nestes casos, o controle jurisdicional é pleno, mesmo porque há dúvida quanto à inexistência da "prerrogativa de discricionariedade da administração". Os conceitos jurídicos indeterminados ganham caráter vinculante.

Há, porém, as situações dos conceitos jurídicos indeterminados não vinculantes, porque podem conduzir a mais de uma solução razoável e sustentável juridicamente, em que a prerrogativa de discricionariedade da administração é indiscutível. Não se pode dizer, porém, com segurança que a decisão é imune ao controle judicial. É o caso de serviço público concursado que a administração pública exonera a pretexto de que a avaliação de aptidão no estágio probatório a recomenda. O ato de exoneração, porém, não está suficientemente fundamentado ou não está motivado adequadamente, conforme exige a Súmula n. 21 do STF. E mais, no item 2.4.1 colacionou-se ementa de acórdão do E. Tribunal de Justiça do Estado de São Paulo, em que fica patente que a discricionariedade nunca é absoluta. O Tribunal examinou o significado das expressões "notória especialização" e "serviços singulares" de uma lei municipal, como requisitos para dispensar a licitação ou concurso, para a contratação de advogado de confiança do prefeito. Concluiu-se que se utilizou da dis-

(2) *Vide* item 3.3.1 da segunda parte acima.

pensa legal para simular contrato de advogado que já prestava serviços ao município e que, na verdade, encobria manobra para elevar significativamente os seus vencimentos. Foi inevitável concluir-se que houve improbidade administrativa por ofensa aos princípios de moralidade administrativa e supremacia do interesse público, a fim de determinar o ressarcimento do valor excedente à remuneração que vinha percebendo anteriormente à "licitação".

A "redução da discricionariedade a zero" pode ocorrer nas hipóteses em que as circunstâncias normativas e fáticas do caso concreto eliminem a possibilidade de escolha entre diversas alternativas, ao ponto de a escolha juridicamente possível se restringir a uma única. Examinado sob uma outra ótica — das opções de decisões da administração — o exemplo acima de prorrogação de prazo do concurso público parece encaixar-se na hipótese de "discricionariedade zero". Isto porque, o ente público não tem a faculdade de não prorrogar o concurso, quando remanescem candidatos aprovados e não nomeados e há cargos públicos vagos que necessitam de serem preenchidos, tanto que imediatamente publicou-se edital de novo concurso com a finalidade de preencher aqueles mesmos cargos. Do ponto de vista da juridicidade, haverá desvio de poder, mas há que se ponderar, ainda, a conseqüência do ponto vista de economia para os cofres públicos.

É possível concluir que sempre terá cabimento o controle jurisdicional da discricionariedade administrativa, quanto à sua juridicidade, isto é, a fim de que o tribunal examine, num primeiro plano, se a administração detinha "prerrogativa de discricionariedade"; num segundo plano, se o administrador público optou pela decisão que melhor atendia ao interesse da coletividade, conforme *os padrões de excelência da atividade administrativa*. Enfim, se a decisão tomada ponderou não apenas aspectos de legalidade estrita, mas considerou os princípios constitucionais expressos e implícitos, pertinentes ao caso concreto. E, na sua motivação deixar explícito, com clareza e objetividade, que todas as questões pertinentes que o caso comportou foram consideradas, na medida em que, por vezes, teve que se socorrer de critérios técnicos, ou de oportunidade ou conveniência econômica e social.

VII. *REFERÊNCIAS BIBLIOGRÁFICAS*

AFONSO DA SILVA, José. *Curso de direito constitucional positivo*. São Paulo: Malheiros, 2000.

_________. *Comentário contextual da Constituição*. São Paulo: Malheiros, 2005.

ALESSI, Roberto. *Principii di diritto administravo*. Milano (Italia): Giuffré, 1971.

ALEXI, Robert. *Teoría de los derechos fundamentales*. Tradução de Ernesto Garzón Valdés. Madrid: Centro de los Estúdios Constitucionales, 1993.

ALMEIDA, Isis. *Manual de direito processual do trabalho*. São Paulo: LTr, 1996.

ALVIM, Angélica Arruda. Princípios constitucionais do processo. *Revista de Processo*, n. 74, p. 20-39, 1994.

ALVIM, Arruda. Tratado de direito processual civil. São Paulo: *Revista dos Tribunais*, v. 1, 1990.

_________. *Direito processual público: a Fazenda Pública em juízo*. São Paulo: Malheiros, 2000.

_________. Conferências. Os limites existentes ao controle jurisdicional dos atos administrativos. *Revista de Processo*, São Paulo, n. 99, p. 155-160, jul./set., 2000.

AMORTH, Antonio. *Il merito dell´atto amministrativo*. Milano (Itália): Dott. A. Giuffrè, 1939.

AMORIN, Letícia Balsamão. Princípio do estado de direito à luz do pós-positivismo. *Revista de Direito Constitucional e Internacional*, n. 52, p. 91-112, jul./set., 2006.

ANTUNES ROCHA, Cármem Lúcia. *Princípios constitucionais da administração pública*. Belo Horizonte: Del Rey, 1994.

ARAÚJO CINTRA, Antonio Carlos; GRINOVER, Ada Pellegrini; DINAMARCO, Cândido Rangel. *Teoria geral do processo*. São Paulo: Malheiros, 2001.

ÁVILA, HUMBERTO. *Teoria dos princípios:* da definição à aplicação dos princípios jurídicos. São Paulo: Malheiros, 2003.

_________. Conteúdo, limites e intensidade dos controles de razoabilidade, de proporcionalidade e de excessividade das leis. *Revista de Direito Administrativo,* Rio de Janeiro, n. 236, p. 369-384, abr. e jun., 2004.

BANDEIRA DE MELLO, Celso Antônio. *Curso de direito administrativo*. São Paulo: Malheiros, 1996.

_________. *Controle jurisdicional dos atos administrativos*, RDP 65/27-38; *e Legalidade, Discricionariedade. Seus limites e controles*, RDP 86/42-59.

_________. *Discricionariedade e controle jurisdicional*. São Paulo: Malheiros, 1993.

BARROSO, Luís Roberto. Fundamentos teóricos e filosóficos do novo direito constitucional brasileiro. In *Nova interpretação constitucional = ponderação, direitos fundamentais e relações privadas* (org. Luís Roberto Barroso). Rio de Janeiro: Ed. Renovar, 2003.

BERBER, Júlio Cezar. *Princípios de processo do trabalho*. São Paulo: LTr, 2003.

BIELSA, Rafael. *Ação popular e o poder discricionário da administração*. São Paulo: Revista Forense, 1945.

BOBBIO, Norberto. *Teoria do ordenamento jurídico*. Tradução de Maria Celeste Cordeiro Leite dos Santos. Brasília: Editora EnB, 1997.

BONAVIDES, Paulo. *Curso de direito constitucional*. São Paulo: Malheiros, 2003.

BUENO FILHO, Edgard Silveira; PIMENTEL, Annamaria. Constituição e processo (questões polêmicas): Inafastabilidade do controle jurisdicional e a ameaça ao direito. *Revista Trimestral de Direito Público*, n. 3, p. 245-255, 1993.

CAMPOS FILHO, Paulo Barbosa de. Ação popular constitucional. *Revista Forense*. Doutrina.

CARNEIRO, Athos Gusmão. *Jurisdição e competência*. São Paulo: Saraiva, 1995.

CRETELLA JR., José. *Controle jurisdicional dos atos administrativos*. Rio de Janeiro: Forense, 1995.

CRETTON, Ricardo Aziz. *Os princípios da proporcionalidade e da razoabilidade e sua aplicação no direito tributário*. Rio de Janeiro: Ed. Lumen, 2001.

DAROCA, Eva Desdentado. *Los problemas del control judicial de la discrecionariedad tècnica*. Madrid (Espanha): Cuadernos Civitas, 1997.

DE PLÁCIDO E SILVA. *Vocabulário jurídico*. Rio de Janeiro: Forense, 1990.

DICIONÁRIO escolar latino-português. Rio de Janeiro: Departamento Nacional de Educação do Ministério da Educação e Cultura, 1967.

DINAMARCO, Candido Rangel. *Fundamentos do processo civil moderno*. T. II. São Paulo: Malheiros, 2000.

__________. *Instituição de direito processual civil*. São Paulo: Malheiros, 2001.

__________. *A reforma do Código de Processo Civil*. São Paulo: Malheiros, 1995.

DINIZ, Maria Helena. *Norma constitucional e seus efeitos*. São Paulo: Saraiva, 2002.

DI PIETRO, Maria Sylvia Zanella. *Discricionariedade administrativa na Constituição de 1988*. São Paulo: Atlas, 2001.

DWORKIN, Roland. *Levando o direito a sério*. São Paulo: Saraiva, 2002.

ENTERRÍA, Eduardo García. *La lucha contra las imunidades del poder*: poderes discrecionales, poderes de gobierno, poderes normativos. Madrid (Espanha): Editorial Civitas S/A., 1995.

__________. *Democracia, jueces y control de la administración*. Madri (Espanha): Civistas Ediciones, 2000.

ESPADA, Cinthia Maria da Fonseca. Dignidade humana da pessoa trabalhadora: a tutela dos direitos fundamentais no marco do direito do trabalho. *Revista Amatra/XV*. Campinas: Ameruso Artes Gráficas Ltda. Coordenação: Firmino Alves Lima, jan., 2007.

FAGUNDES, Seabra. *Controle dos atos administrativos pelo poder judiciário*. Rio de Janeiro: José Konfino, 1950.

FARIAS, Edilson Pereira de. *Colisão de direitos:* a honra, a intimidade, a vida privada e a imagem *versus* a liberdade de expressão e a informação. Porto Alegre: Sérgio Antonio Fabris Editor, 2000.

FERNANDEZ, R. TOMÁS. *Del la arbitrariedad y la Administración*. Madrid (Espanha): Civitas, 2002.

FERREIRA FILHO, Manoel Gonçalves. *Curso de direito constitucional*. São Paulo: Saraiva, 1994.

FIGUEIREDO, Lúcia Valle. Administração pública e estado de direito. *Revista Trimestral de Direito Público*. Jan., fev. e mar., 1997.

_________ . *Controle da administração pública*. São Paulo: RT, 1991.

_________ . *Estado de Direito e devido processo legal*. Apostila do curso de direito administrativo, pós-graduação da PUC-SP. Obra inédita.

FRANÇA, Vladimir da Rocha. *Vinculação e discricionariedade nos atos administrativos*. Rio de Janeiro: Revista de Direito Administrativo, out./dez., 2000.

GOMES CANOTILHO, J. J. *Direito constitucional e teoria da constituição*. Coimbra (Portugal): Amedina, 2001.

_________ e VITAL MOREIRA. *Fundamentos de direito constitucional*. Coimbra (Portugal): Almedina, 1994.

GRAU, Eros Roberto. *A ordem econômica na Constituição de 1988*. São Paulo: Malheiros, 2002.

GRECO FILHO, Vicente. *Direito processual civil brasileiro*. V. 1, São Paulo: Saraiva, 1995.

GUERRA FILHO, Willis Santiago. *Processo constitucional e direitos fundamentais*. São Paulo: RCS Editora, 2005.

HIEN, Ekcart. O controle judicial das decisões administrativas discricionárias. *Revista do Centro de Estudos Judiciários do Conselho da Justiça Federal*, Brasília/DF, p. 18-23, 2004.

LOBO, Rogério Leite. Os princípios da proporcionalidade e da razoabilidade e o direito tributário. *Revista de Direito Admininstrativo*, n. 239, p. 241-251, jan. a mar., 2005.

LENZA, Pedro. *Direito constitucional esquematizado*. São Paulo: Editora Método, 2007.

MASSERA, Alberto. L'amministrazione e i citadini nel diritto comunitário. *Revista Trimestral de Direito Público*, 1999.

MEIRELLES, Hely Lopes. *Direito administrativo brasileiro*. São Paulo: Revista dos Tribunais, 1981.

MELLO FIHO, José Celso de. *Tutela judicial da liberdade*. São Paulo: RT, Revista n. 526, 1979.

_________ . *Constituição Federal anotada*. São Paulo: Saraiva, 1984.

MENDES, Gilmar *et alii*. *Curso de direito constitucional*. São Paulo: Saraiva, 2007.

MIRANDA, Pontes. *Comentários à Constituição de 1967*. São Paulo: Revista dos Tribunais, v. 5, 1968.

MORAES, Alexandre. *Direitos humanos fundamentais*. São Paulo: Atlas, 1998.

MORAES, Germana de Oliveira. *Controle jurisdicional da administração pública*. São Paulo: Dialética, 1999.

MOREIRA NETO, Diogo de Figueiredo. *Legitimidade e discricionariedade*. Rio de Janeiro: Forense, 1989.

MORÓN, Miguel Sánchez. *Discricionalidad administrativa y control judicial*. Madrid (Espanha): Editorial Tecnos S/A., 1995.

NERY JUNIOR, Nelson. *Princípios do processo civil na Constituição Federal*. São Paulo: Revista dos Tribunais, 2000.

NOJIRI, Sérgio. *Dever de fundamentar as decisões judiciais*. São Paulo: Revista dos Tribunais, 2002.

PAGLIARINI, Alexandre Coutinho. O positivismo de Hans Kelsen e Niklas Luhamann e a Constituição como instrumento normativo superior positivado. *Revista de Direito Constitucional e Internacional*, n. 31, p. 203-215, abr./jun., 2000.

PANCOTTI, José Antonio. *Institutos fundamentais de direito processual*. São Paulo: LTr, 2002.

PIMENTA, Paulo Roberto Lyrio. A razoabilidade das leis tributárias. In *Tributos e direitos fundamentais* (org. Otávio Campos Fischer). São Paulo: Ed. Dialética, 2004.

PIRAS, Aldo (org.). con la collaborazione di N. Herlitz (Stoccolma), W. Leisner (Erlangen — Norimberga), A. Y. Lunev (Mosca), M. Somerhausen (Bruxelles), G. Treves (Torino), G. Vedel (Parigi), H. W. R. Wade (Osford). *Il controllo giurisdizionale della pubblica amministrazione*. Torino: Unione Tipograficoo-Editrice Torinese, 1971.

PISTORI, Gerson Lacerda. *Princípios de processo do trabalho*. São Paulo: LTr, 2001.

PONTES, Helenílson Cunha. *O princípio da proporcionalidade no direito tributário*. São Paulo: Ed. Dialética, 2000.

PORTANOVA, Rui. *Princípios do processo civil*. Porto Alegre: Livraria do Advogado, 1997.

PRADO, Luiz Regis. Do deôntico ao razoável: ensaio de lógica jurídica. *Revista de Ciência Jurídica*, ano III, n. 1, 1999.

QUEIROZ, Raphael Augusto Sofiati de. *Princípios da razoabilidade e da proporcionalidade das normas*. Rio de Janeiro: Lumen Juris, 2000.

RAMÓN, Miguel Sánchez. *Discricionariedad administrativa y control judicial*. Madrid (Espanha): Editorial Tecnos, 1995.

REALE, Miguel. *Lições preliminares de direito*. São Paulo: Saraiva, 1989.

__________. *Teoria tridimensional do direito*. São Paulo: Saraiva, 1994.

RIVAS, Adolfo Armando. *El amparo* (revista). Buenos Aires (Argentina), n. 4, 1987.

RORIZ, Liliane. *Conflito entre normas constitucionais*. Rio de Janeiro: América Jurídica, 2002.

ROSAS, Roberto. Devido processo legal: proporcionalidade e razoabilidade. *Revista dos Tribunais*, ano 90, v. 783, jan., 2001.

SANTOS, Moacyr Amaral. *Primeiras linhas de direito processual civil*. V. 1, São Paulo: Saraiva, 1984.

SARMENTO, Daniel. *A ponderação de interesses na Constituição Federal*. Rio de Janeiro: Ed. Lúmen, 2002.

SCARPINELLA, Cassio Bueno. *Direito processual público*: a fazenda pública em juízo, inafastabilidade do controle judicial da administração. São Paulo: Malheiros, 2000.

SERRAS, Fracesc Carreras. *Cuadernos y debates*. Centro de Estudios Constitucionales. Madrid (Espanha): Editorial Tecnos S/A., 2002.

SICHES, Luis Recaséns. *Tratado general de filosofia del derecho*. Buenos Aires: Porrua, 1961.

SIQUEIRA CASTRO, Carlos Roberto de. *Devido processo legal e a razoabilidade das leis na nova Constituição do Brasil*. Rio de Janeiro: Forense, 1989.

SOUZA, Antônio Francisco. *Conceitos jurídicos indeterminados no direito administrativo*. Coimbra (Portugal): Almedina, 1994.

TARUFFO, Michele. *La fisionomia della sentenza in Italia*. 2. ed., p. 65.

TOLEDO, CLÁUDIA. *Direito adquirido & estado democrático de direito*. São Paulo: Landy Livraria Editora e Distribuidora, 2003.

TUCCI, Rogério Lauria; CRUZ TUCCI, José Rogério. *Constituição de 1988, processo: regramentos e garantias constitucionais do processo*. São Paulo: Saraiva, 1989.

VELLOSO, Andrei Pitten. *Temas controvertidos de processo civil. Pedido de suspensão da execução e princípio da inafastabilidade do controle jurisdicional*. Rio de Janeiro: Forense, 2001.

WATANABE, Kazuo. *Controle jurisdicional*: princípio da inafastabilidade do controle jurisdicional no sistema jurídico brasileiro e mandado de segurança contra atos judiciais. São Paulo: RT, 1980.

__________. *Da cognição no processo civil*. Campinas: Bookseller, 2000.

YUNES JUNIOR, Faissal. O controle do ato administrativo e o estado de direito. *Revista dos Tribunais*. São Paulo, ano 7, n. 29, out./dez., 1999.

Produção Gráfica e Editoração Eletrônica: LINOTEC
Capa: JOAQUIM PEDRO SILVA NETO
Impressão: COMETA GRÁFICA E EDITORA